COLLECTION
FOLIO DOCUMENTS

François Santoni

Contre-enquête sur trois assassinats
Érignac, Rossi, Fratacci

Préfaces inédites de Christel Baldocchi et Lelia Rossi

Denoël

À Jean-Michel et Jean-Claude

AVERTISSEMENT DE L'ÉDITEUR

En juin 2000, Denoël a publié *Pour solde de tout compte*, le premier ouvrage de François Santoni et Jean-Michel Rossi, responsables nationalistes corses. Au cours d'entretiens avec le journaliste Guy Benhamou, les deux anciens militants ont dressé le premier tableau, vu « de l'intérieur », de la clandestinité corse, ou du moins de sa composante principale, le FLNC Canal historique. Ils ont révélé les vraies raisons des scissions successives au sein des groupes clandestins, scissions qui transformèrent l'arbre généalogique du Front de libération nationale de la Corse, le FLNC, en une sorte de forêt inextricable.

Ils ont raconté les négociations de l'une des branches clandestines, le FLNC Canal historique, avec les ministres de l'Intérieur successifs entre 1994 et 1996. Ils ont levé un coin du voile sur le fonctionnement interne du FLNC Canal historique, et sur ses pires dérives, du trafic d'armes avec les voyous toulonnais aux assassinats de dealers et de toxicomanes, en passant par le racket. Enfin, tirant un bilan extrêmement négatif de leur expérience, ils se sont livrés à une critique peu complaisante de leurs propres errements. Et ce même si, pour des raisons juridiques, ils ont souvent dû utiliser un style plus « impersonnel » dans certains passages.

Moins de deux mois après la sortie du livre, Jean-Michel Rossi était abattu, en compagnie de son ami Jean-Claude Fratacci, à la terrasse du bar *La Piscine*, sur la place de L'Île-Rousse, son village. C'était le 7 août 2000.

Puis, en juin 2001, Denoël a publié *Contre-enquête sur trois assassinats - Érignac, Rossi, Fratacci.* Ce livre, voulu et écrit par François Santoni, se lit à la fois comme une sorte d'épilogue à *Pour solde de tout compte*, et comme un hommage à Jean-Michel Rossi, assassiné par ce nationalisme dévoyé qu'ils avaient dénoncé tous les deux dans leur livre.

Reconstituant minutieusement les faits, rassemblant les témoignages, François Santoni y fait défiler le film des événements qui conduisirent à l'exécution de son ami. Il explique pourquoi Jean-Michel Rossi, opposé à tout accommodement avec le milieu, était devenu un gêneur à éliminer. Il montre comment, au nom de certaines amitiés, de petits chefs de bande manipulent un groupe de tueurs issus des rangs du mouvement nationaliste pour supprimer tout ce qui fait obstacle aux projets du grand banditisme toulonnais en Corse. Il rappelle, surtout, que ce système a déjà fonctionné, lors de l'assassinat du préfet Claude Érignac. Car selon l'analyse de François Santoni, les présumés coupables de ce crime, arrêtés en mai 1999, ne sont que le bras armé d'un noyau dur de commanditaires anonymes. Pour lui, les militants du « commando Érignac », nationalistes exaltés, n'ont fait que servir les desseins d'un puissant groupe d'intérêts, tapi dans l'ombre, et qui sera, le moment venu, le seul gagnant d'un futur nouveau statut de la Corse.

Le 17 août 2001, deux mois après la sortie de *Contre-enquête* et quasiment un an jour pour jour après le meurtre de Jean-Michel Rossi, François Santoni était assassiné à son tour à la sortie d'un mariage à Monicia d'Aullène.

C'est ce livre que vous tenez entre les mains, augmenté d'une double préface inédite.

Elle s'appelait Linda, elle était née le 3 juin 1959. C'était le troisième enfant de la famille. Elle est morte à l'âge d'un an dans les bras de son père Jean-Baptiste, le 6 juin 1960, au moment même où sa mère Olga donnait le jour à son quatrième et dernier enfant : François Santoni.

L'histoire troublante et triste de sa naissance, l'adoration presque mystique qu'il vouait à cette sœur qu'il n'a jamais connue sont les premières confidences que François m'ait faites lorsque nous nous sommes rencontrés. Ainsi, en venant au monde, ce bébé si blond avait déjà une mission : celle d'atténuer le terrible chagrin de deux parents qui viennent de perdre un enfant. Tout au long de son existence, François aura d'ailleurs un talent magique pour donner de la force à ses proches, les rassurer et les consoler. Pourtant il leur infligera à son tour une cruelle épreuve et son père verra pour la deuxième fois mourir l'un de ses enfants sous ses yeux.

Né le jour d'un drame, assassiné en pleine fête, François était prédestiné à une vie peu ordinaire, marquée, semble-t-il, par le sceau du paradoxe. Déjà, sa haute taille et sa carrure, sa blondeur nordique et le bleu très pur de son regard le rapprochaient bien davantage physiquement d'un Viking que d'un Corse de l'extrême Sud dont il était pourtant originaire.

Sa personnalité hors norme, multiple et contrastée, en faisait un être étrange et fascinant qui pouvait surprendre tant par la gravité de sa réflexion que par ses fous rires incoercibles. Son aptitude à communiquer, en dépit de sa réserve naturelle, lui avait permis de tisser un incroyable réseau de relations, ouvert bien des portes, et suscitait aussi la faveur des médias. Même au gré de ses flâneries parisiennes, il était fréquemment accosté par des passants anonymes qui lui témoignaient spontanément leur sympathie et leur admiration accompagnées d'encouragements chaleureux.

D'une extrême rigueur, il était aussi doué d'une sensibilité intuitive, qui complétait utilement ses facultés d'analyse et lui conférait le pouvoir presque surnaturel de décrypter les pensées les plus secrètes même chez les mystificateurs les plus habiles. Cette dualité faisait de lui un véritable visionnaire et un redoutable stratège.

De telles qualités sont un précieux atout politique, surtout lorsqu'elles sont étayées par de solides connaissances. En effet, féru d'histoire et de géopolitique, et bien que la Corse fût au cœur de ses préoccupations, François était totalement ouvert sur le monde et s'intéressait de très près à tous les évènements internationaux en observateur avisé.

Cette dimension qu'il partageait avec Jean-Michel Rossi et qui aurait pu les hisser aux plus hauts sommets du pouvoir dans l'île, mêmes si telles n'étaient pas leurs ambitions, ne l'empêchait pas de rester attentif aux contingences plus terre à terre du quotidien. En effet, désintéressé et sans arrière-pensées électoralistes, il était serviable et généreux. Il inspirait respect et considération car il avait un sens inné du contact humain sans distinction d'âge ou de condition sociale, mais avec un penchant tout particulier pour les plus vulnérables, comme les personnes âgées et les enfants. Ce sont finalement ces derniers qui avaient inspiré son choix d'enseignant spécialisé, option d'ailleurs conforme à la tradition familiale.

Pourtant, son sens aigu de l'organisation et de la discipline, son intelligence et son courage exceptionnels auraient pu faire de François un excellent officier supérieur par la voie de la prestigieuse école de Saint-Cyr, comme sa vocation première l'y incitait, si les circonstances de la vie ne l'avaient propulsé très tôt vers le militantisme où sa stature très particulière et son incontestable charisme lui permirent rapidement de s'imposer en véritable meneur d'hommes. Cette conversion imprévue mais qu'il n'a jamais regrettée lui permettait d'assouvir sous une autre forme son désir de servir une cause juste. C'est donc avec passion qu'il s'investit sans réserve dans son combat nationaliste, franchissant graduellement les étapes, qui, au fil de l'expérience, modulent l'exaltation un peu débridée de la jeunesse pour la canaliser imperceptiblement vers les idéaux plus accessibles et plus raisonnables de la maturité.

C'est en partie cette évolution qui sera retracée avec talent et sincérité dans *Pour solde de tout compte* qui s'impose immédiatement comme l'ouvrage de référence sur le nationalisme corse tant par la qualité de la réflexion et des analyses de ses auteurs que par l'ampleur des informations qui y sont révélées.

Passionnément soucieux de l'avenir de leur terre, François et Jean-Michel dressent dans ce livre un bilan très contrasté d'une lutte à laquelle ils ont déjà sacrifié vingt-cinq ans de leur vie. Guidés dès le début par un idéal, ils assument pleinement leur passé militant qu'ils décrivent avec courage et lucidité comme un cheminement nécessaire à la progression de leurs idées, mais qu'ils sauront infléchir lorsque l'évolution de la situation en Corse rendra inappropriée la lutte politico-militaire. Ils démontrent en effet que la clandestinité non maîtrisée et sans objet favorise les dérives les plus dangereuses : la porosité entre nationalisme et banditisme, le dérapage de la « propagande armée » — qui n'utilise qu'une violence limitée à des fins de pression sur l'État — vers une véritable « lutte armée » de type ETA, qui induit de plus, dans ses objectifs, la revendication indépendantiste. Ils déplorent que la défense de l'identité corse confine parfois au racisme et à l'exclusion. Conscients des connotations ambiguës du terme même de « nationalisme », ils préconisent l'abandon de ce vocable et ils écrivent : « Le nationalisme doit demeurer un cri de résistance ; s'il prétend se transformer en programme politique, constituer un horizon indépassable, il tombe vite dans l'exaltation de la nation et fait le lit de tous les fascismes. »

Ce livre crée un véritable choc en Corse comme sur le continent. C'est aussi un accomplissement pour François et pour Jean-Michel qui sont convaincus que l'avenir du nationalisme doit nécessairement passer par une sévère autocritique. Mais Jean-Michel n'aura pas le temps de savourer cet extraordinaire succès. Quelques semaines à peine après la parution de cet ouvrage il est assassiné à la terrasse d'un bar de l'Île-Rousse avec son ami Jean-Claude Fratacci « par ceux qu'il dénonçait, pas pour ce qu'il dénonçait » précisera François dans *Contre-enquête sur trois assassinats.*

François ne peut accepter que le nationalisme dévoyé et intolérant qu'il stigmatisait avec Jean-Michel ait la prétention de prospérer dans le sillage de ce crime odieux. Malheureusement il se rend vite compte que le processus engagé par Matignon constitue un obstacle à la recherche de la vérité. Tout est en effet mis en œuvre pour tenter de banaliser et de dénaturer cet assassinat particulièrement embarrassant pour le gouvernement, le préalable à la poursuite des négociations étant l'arrêt de la violence politique.

Mais profondément meurtri par la perte de son ami, amputé d'une partie de lui-même, François engage un véritable combat pour que toute la lumière soit faite sur cette affaire. En l'absence de résultats de l'enquête officielle — sacrifiée pour ne pas entraver le processus — il décide d'écrire *Contre-enquête sur trois assassinats*. Dans cet ouvrage, il démontre que les assassins de Jean-Michel viennent du milieu nationaliste — même s'il s'agit d'une frange dévoyée — et que ce sont les mêmes que l'on retrouve dans l'affaire Érignac. En dévoilant les connexions entre ces deux affaires, François met sérieusement le gouvernement en porte-à-faux, car, si ce dernier ferme complaisamment les yeux sur l'assassinat d'un simple citoyen, il ne peut faire l'impasse sur celui d'un préfet, la fonction semblant l'emporter sur les considérations humaines. Or, en reconnaissant la relation qui existe entre ces deux crimes, le gouvernement serait contraint d'aborder le dossier Érignac sur le fond, ce qui le conduirait à mettre en cause les responsabilités beaucoup plus complexes qu'il faut rechercher en amont.

Cette fois encore, cet ouvrage très attendu rencontre un immense succès. Durant l'été, François dédicacera des centaines de livres.

Jusqu'à ce soir funeste où, quelques courts instants avant le drame, un adolescent s'approchera timidement pour une dernière signature.

Ce 17 août 2001, alors que nous laissons nos amis et les invités du mariage en liesse, nous nous dirigeons vers la voiture, François et moi, en compagnie de son père et de son neveu de treize ans pour regagner Giannucciu quelques kilomètres plus loin. Au moment où François ouvre la portière, une fusillade éclate. Un bruit assourdissant, un éclair de feu. Mes yeux se voilent, je ne ressens aucune peur mais la violence des rafales, la brûlure du souffle des balles et les éclats que je reçois sur tout le corps me font fuir à plusieurs mètres de la voiture. Puis, instinctivement, je reviens sur mes pas pour essayer de comprendre. François gît, criblé de balles, je cours vers lui en hurlant de douleur. Mais je ne peux plus rien pour lui, et lui, le seul à pouvoir me rassurer ne peut plus rien pour moi. Malgré la chaleur de cette nuit d'été, un froid glacial m'envahit. Mon univers s'effondre. Brusquement je suis seule au monde.

Ultime provocation de leurs misérables assassins ! François, comme Jean-Michel un an plus tôt, vient d'être fauché à la fleur de l'âge, dans son fief, non loin de sa demeure familiale. Ce geste criminel scelle de manière tragiquement symbolique le destin qui mène du berceau à la tombe.

Plus tard les souvenirs de mon grand-père mobilisé lors des deux grands conflits mondiaux me reviennent en mémoire. Il m'avait décrit avec beaucoup d'émotion l'horreur des champs de bataille où il avait lui-même été blessé dans le crépitement des balles et où d'autres soldats, moins chanceux, étaient tombés devant lui. Mais là s'arrête la comparaison, car l'homme lâchement assassiné sous mes yeux était celui que j'aimais.

CHRISTEL BALDOCCHI

« Il n'y a personne qui ait plus d'ennemis dans le monde qu'un homme droit, fier et sensible, disposé à laisser les choses pour ce qu'elles sont plutôt qu'à les prendre pour ce qu'elles ne sont pas. »

CHAMFORT

En publiant en juin 2000 *Pour solde de tout compte* avec son ami François, Jean-Michel Rossi a accepté de sortir partiellement de l'ombre, lui qui jusque-là ne s'était fait connaître qu'en Corse. Il n'avait jamais beaucoup frayé avec les médias, n'accordant des interviews qu'au compte-gouttes. À la vie parisienne choisie finalement par François, il continuait de préférer la tranquillité de sa Balagne natale. Certes il avait parlé d'ouvrir une librairie sur le continent, mais sans doute ce projet ne se serait-il jamais concrétisé car la Corse exerçait sur Jean-Michel un attrait maléfique comme le chant des sirènes qui l'empêchait de s'en éloigner durablement. Les années passées loin de l'île pendant ses multiples incarcérations mais aussi au cours de sa scolarité à Nice expliquent peut-être cet indéfectible attachement à sa terre. La vie de mon père était à L'Île-Rousse, nulle part ailleurs. C'était aussi le seul endroit du monde où il pouvait rencontrer la mort, et où il se croyait invulnérable. Et c'est là qu'il est tombé, ce 7 août 2000, moins discrètement qu'il n'avait vécu, car sa disparition a eu un retentissement médiatique énorme qui a fait qu'aujourd'hui plus personne n'ignore le nom de Jean-Michel Rossi.

Pour qui s'intéresse à l'actualité corse, ce nom évoque un militant nationaliste de la première heure, un esprit brillant aux analyses politiques pertinentes et à l'intelligence acérée, un homme de conviction, partisan d'une Corse plus autonome et plus juste. Le seul nationaliste, avec son frère de lutte François, à avoir condamné l'assassinat du préfet Érignac sans dissocier l'acte de ses auteurs. Mais aussi le rédacteur en chef de *U Ribombu* de 1996 à 1998, plus séduit par la perspective de laisser libre cours à sa plume redoutable que d'accéder à des postes de pouvoir. Quand d'autres ne pensaient qu'à se disputer les fauteuils de l'Assemblée de Corse, lui préférait réfléchir au nationalisme pour assurer un avenir aux revendications qu'il croyait justes. C'est qu'il n'avait rien du politicien l'homme d'honneur qui écrivait il y a quelques années : « Ceux-là oublient que le rôle d'un chef, partout et toujours, n'est pas de s'épuiser dans la quête dérisoire d'un impossible consensus entre honnêtes gens et crapules, patriotes et truands, mais d'affirmer clairement et à voix haute que le droit, la morale et l'honneur se situent du côté des premiers et que ces principes ne sont jamais négociables. » Cette droiture à toute épreuve, cette honnêteté et cette intransigeance valurent à mon père le surnom de « fou de Balagne », le fou n'étant jamais que celui qui refuse de se plier à une norme. En effet, le jeu social, avec ses compromis et ses compromissions, ne lui était guère familier ; il n'avait pas sa place dans ce monde de faux-semblants qui érige l'opportunisme en idéal moral et fait de l'hypocrisie et de la lâcheté des vertus. Hemingway écrivait : « Quand les individus affrontent le monde avec tant de courage, le monde ne peut les briser qu'en les tuant. Et naturellement, il les tue. » C'est parce que ses assassins savaient que mon père ne se laisserait pas corrompre, qu'il refuserait de se compromettre, qu'ils ont choisi de l'abattre. Sur le plan politique, ce fut une perte incommensurable pour la Corse, sur le plan humain, une tragédie, car derrière le nationaliste Jean-Michel Rossi se cachait un homme tendre, généreux et sensible.

Or, parmi toutes les personnes qui croisèrent son chemin, rares sont celles qui connurent vraiment mon père. Il ne se laissait pas approcher facilement, ne se découvrait pas avec n'importe qui, et pour accéder à son intimité, il fallait le mériter. Sous des dehors quelquefois sévères, il dissimulait mal une sensibilité qui le rendait vulnérable et dont il lui fallait se protéger. Beaucoup se laissèrent abuser par cette carapace, et parmi ceux qui surent le percer à jour, certains profitèrent honteusement du bon naturel de mon père, d'autres, dignes de lui, firent honneur à ses qualités de cœur, allant quelquefois jusqu'à sacrifier leur liberté ou leur propre vie. Il était capable de susciter des haines tenaces comme des engouements extraordinaires. Le jour de ses obsèques, il était émouvant de voir des hommes taillés dans le roc pleurer à chaudes larmes. Pour tous, Jean-Michel avait donné un véritable sens au mot « fraternité », et il emportait, en disparaissant, un peu de la vie de chacun d'entre eux, eux qui savaient bien quel homme attachant il était. Généreux, attentionné, il avait toujours, pour l'un ou l'autre de ses amis, un petit présent qu'il offrait discrètement et avec un léger sourire qui trahissait le bonheur qu'il avait à faire plaisir. Doué d'un humour aussi fin que corrosif, il tournait tout en dérision, et divertissait, par ses bons mots, l'ensemble de son entourage.

Sa forte personnalité donnait à chaque moment passé avec lui une intensité particulière. J'étais fière que cet homme-là fût mon père.

Pourtant, entre lui et moi, rien ne fut jamais facile. J'avais trois ans en 1984, date de sa première incarcération. Dès lors, les interpellations, les condamnations, les remises en liberté ne cessèrent de se succéder à un rythme effréné. Au total, à sa sortie de prison, en 1998, nous avions passé près de dix ans l'un sans l'autre. Heureusement, nous avions réussi à préserver l'essentiel. Les centaines de lettres échangées nous avaient permis de nous « parler » à cœur ouvert, et la douleur de la séparation rendait plus précieuses encore les retrouvailles. Bien sûr, chaque fois qu'il revenait à la liberté, tout était à reconstruire, car pour un homme qui a dû faire face à la prison, c'est une nouvelle épreuve que d'affronter le quotidien, de réapprendre les gestes simples de la vie normale. Il était souvent nerveux, s'emportait facilement, puis revenait, penaud, pour me serrer dans ses bras. Il y avait une grande tendresse entre nous, qui faisait paraître tout le reste dérisoire. Nous partagions la même sensibilité, le même goût pour la poésie, à laquelle il m'initia très tôt : je l'entends encore me réciter sans une hésitation les plus longs poèmes de Baudelaire ou de Rimbaud. Il m'a légué cet amour des lettres en même temps que ses milliers de livres.

En partant, il y a un an et demi, cette fois définitivement, il m'a laissée, orpheline mais riche de lui.

LELIA ROSSI

INTRODUCTION

Il y a un an, Jean-Michel Rossi et moi avons publié *Pour solde de tout compte.* En guise de préambule, nous avions signé un court texte, expliquant les raisons de notre démarche, et dont j'aimerais donner ici quelques extraits.

« "C'est parce que la vérité est âpre, prétendait de Gaulle, qu'elle doit être dite âprement." Tel est notre propos. Non que nous éprouvions quelque jouissance malsaine à égrener la litanie des fautes et autres "bavures" d'une lutte à laquelle nous avons donné les plus belles années de notre existence [...].

« C'est parce que nous pensons que rien n'est irrémédiablement compromis que nous entendons analyser les causes de l'échec actuel du mouvement national, afin de permettre à la génération appelée à nous succéder de prendre la relève dans des conditions moins défavorables.

« “La victoire a de nombreux pères, seule la défaite est orpheline”, assure un proverbe arabe. Il nous eût été aisé, à l'instar de tant d'autres — leaders autoproclamés ou simples quidams en mal de notoriété —, de nous livrer à une tirade autojustificatrice [...].

« Si nous avons décidé de prendre la parole aujourd'hui, c'est parce que nous pensons qu'il y a encore un avenir pour un patriotisme corse qui privilégie la réflexion à l'activisme, la solidarité à l'antagonisme. Parce que ce peuple possède des ressources insoupçonnées et que les hommes et les femmes qui le composent méritent mieux que des gesticulations politiciennes sans lendemain : un véritable projet politique, propre à transcender les chapelles et les querelles de personnes.

« Mais sans retour lucide sur le passé, point de futur possible pour le Mouvement national corse, toujours en proie à ses vieux démons.

« Pour que demain soit réellement un autre jour, il importe que chacun consente à admettre les fautes d'hier et s'attache à ne pas les reproduire.

« Il y a beau temps que nous ne croyons plus aux lendemains qui chantent. Pour autant, nous nous refuserons toujours à la fatalité du désastre. »

Aujourd'hui, je ne retire pas un mot de ce que nous avons écrit.

Mais il m'apparaît crucial d'apporter quelques précisions quant aux liens établis par certains entre la publication de *Pour solde de tout compte* et l'assassinat.

Jean-Michel a été tué par ceux qu'il dénonçait, pas pour ce qu'il dénonçait.

FRANÇOIS SANTONI

PREMIÈRE PARTIE

L'affaire Rossi-Fratacci

I

POURQUOI CE LIVRE

Lundi 7 août 2000, au matin. Je suis chez moi au village.

Je me lève vers 8 heures. Mon premier geste est presque automatique : je prends le téléphone et j'appelle mon ami Jean-Michel Rossi. Ces conversations matinales sont une habitude, presque un rituel entre nous. Nous passons chaque matin une vingtaine de minutes à discuter ainsi. Jean-Michel, qui se lève toujours très tôt, me fait un compte rendu de la presse qu'il a déjà parcourue, et nous plaisantons sur tel ou tel sujet. Ce jour-là, nous sommes au lendemain des journées internationales de Corte, organisées par le mouvement nationaliste A Cuncolta, et je lui demande quels sont les commentaires des journaux. Nous passons presque une demi-heure à converser. Jean-Michel est très détendu, il plaisante. Et puis notre petite palabre lui permet de patienter. Il est en effet installé, comme à son habitude, à la terrasse du bar *La Piscine*, sur la place de L'Île-Rousse. Mais cette fois, il attend son ami Jean-Claude Fratacci, qui doit l'accompagner chez moi, dans le Sud. Jean-Michel a prévu de passer quelques jours dans mon village, avant que nous ne remontions tous les deux chez lui pour les quinze derniers jours d'août. Jean-Claude est en retard. Et je sens qu'à l'autre bout du fil, Jean-Michel s'impatiente. Il aurait voulu partir plus tôt. Et puis on se dit « À tout à l'heure » et je raccroche.

Je rejoins le reste de la famille, mes parents, mon frère, ma belle-sœur, ma nièce, ma compagne Christel, qui sont déjà réunis dans la salle à manger. Nous prenons le café ensemble. Mais je n'ai pas le temps de savourer ce moment, prélude à une journée qui s'annonce douce. Quelques dizaines de minutes plus tard, le téléphone sonne. Je décroche. C'est un ami de Bonifacio. Il lâche une seule phrase, d'une voix serrée : « Ils ont tué Jean-Michel et Jean-Claude. » Pas besoin d'en dire plus. Je suis frappé d'une sorte de sidération qui me rend muet. Après un long silence, je retrouve ma voix et je demande à mon ami de se préparer pour partir avec moi à L'Île-Rousse.

Je vais trouver Christel, qui comprend immédiatement en me voyant qu'il vient de se passer quelque chose de très grave. Je lui annonce la nouvelle. J'appelle quelques amis à Propriano, qui montent aussitôt me chercher. Je prépare mes affaires en silence. J'ai coupé mon téléphone portable. Trois quarts d'heure plus tard, trois voitures arrivent. Nous prenons la route. À Figari, deux des voitures font demi-tour, et je poursuis la route avec un ami. Il nous faut près de trois heures pour aller de Giannucciu à L'Île-Rousse, et pendant tout ce temps, j'ai la tête vide. Je suis assommé, comme drogué.

Après mon départ de la maison, le téléphone s'est mis à sonner sans discontinuer. La nouvelle du double assassinat a été diffusée par toutes les radios, et des dizaines de journalistes souhaitent obtenir une réaction ou un commentaire de ma part. Christel a bien du mal à répondre à tous pour leur expliquer que je ne ferai aucune déclaration. Tous comprennent et aucun n'insiste. Ils ont été dignes, et certains ont même laissé à Christel le soin de me transmettre un message de sympathie. Il y a aussi la famille et les amis qui appellent, complètement atterrés. Je reste volontairement injoignable. Je ne sortirai de mon silence qu'une dizaine de jours plus tard, dans une interview accordée à Jean-Pierre Rey, photographe de l'agence Gamma, et publiée dans *Le Figaro Magazine.* Parce qu'il faut bien, à un moment donné, que je dise ce que j'ai sur le cœur. Je le ferai pour Jean-Pierre parce que lui, le chasseur de scoop, le professionnel, est venu à l'enterrement de Jean-Michel en ami, sans un seul appareil photo. Ce geste m'a touché et j'ai accepté de lui accorder cet entretien.

Lorsque nous arrivons à L'Île-Rousse, nous nous garons sur la place, non loin du périmètre de sécurité. Nous descendons de voiture et nous nous approchons à pied sur le bord du trottoir. Personne ne fait attention à nous, les journalistes et les caméras sont regroupés à un autre endroit, du côté de la plage. J'aperçois les deux formes cachées sous des draps blancs. Les corps de nos amis sont toujours là.

C'est une jeune femme de la police judiciaire d'Ajaccio qui nous repère la première. Dès qu'elle nous aperçoit, elle se dirige vers nous. Nous bavardons quelques minutes avec elle, je lui demande si je peux voir les corps, elle me répond que ce n'est pas possible, je n'insiste pas. Nous partons alors vers la maison de Jean-Michel, à quelques centaines de mètres de là. Mais comme la rue est bloquée pour les besoins des constatations policières, nous sommes obligés de faire le tour de la place et de passer devant les journalistes. Les appareils photo se déclenchent, les caméras tournent. Mais personne ne nous saute dessus pour poser des questions. Les caméras s'approchent un peu, mais elles restent à une distance raisonnable, décente. Il y a des badauds, beaucoup de touristes qui regardent depuis la plage, mais je ne suis pas sûr qu'ils savent vraiment ce qui se passe. Il y a les amis et les proches de Jean-Michel et de Jean-Claude qui sont naturellement venus sur place. En revanche les habitants de L'Île-Rousse se tiennent discrètement à l'écart.

La maison de Jean-Michel, c'est la demeure familiale des Rossi, une grande et solide bâtisse sur trois niveaux qui fait face à la mer. Jean-Michel a aménagé le dernier étage pour lui en un petit appartement confortable, une salle de séjour claire avec une cuisine américaine, sa chambre, et surtout son bureau-bibliothèque ouvert sur une vaste terrasse en rotonde. De la terrasse qui domine la mer, on aperçoit la presqu'île de la Pietra, reliée à la côte par la jetée, dont la roche granitique rose a donné son nom à la ville. C'est dans ce bureau aux murs couverts de rayonnages surchargés que Jean-Michel passait l'essentiel de son temps. Il aimait montrer, sur quelques-uns des milliers d'ouvrages, le timbre de son grand-père, l'instituteur. Ces livres étaient, je crois, l'héritage dont il était le plus fier. La mère de Jean-Michel occupe le premier étage. Au rez-de-chaussée, à côté de la chambre que Lelia, la fille de Jean-Michel, occupe lors de ses séjours à L'Île-Rousse, quelques pièces encombrées de souvenirs baignent dans l'atmosphère étrange d'un sanctuaire. Mais la vie commune de la maison des Rossi se tient ailleurs, dans le bâtiment bas édifié dans le grand jardin aux citronniers chargés de fruits, à quelques mètres de la maison à laquelle il est relié par une voûte. Une vaste salle chaleureuse et conviviale, une longue table pour les repas en commun et de confortables divans invitent aux longues soirées de détente, près de l'âtre l'hiver et sous la douce lumière balanine l'été.

C'est dans ce bâtiment qu'en ce jour tragique se tient Mme Rossi, entourée de la famille. Il règne une atmosphère grave, empreinte d'une grande dignité. Pas de cris, pas de pleurs. La police judiciaire est en train de perquisitionner au dernier étage, dans l'appartement de Jean-Michel. Et nous attendons sans trop savoir quoi. Les amis de L'Île-Rousse passent les uns après les autres. Ceux du Sud arrivent un peu plus tard. Au gré des récits des uns et des autres, le scénario qui a coûté la vie à Jean-Michel et à Jean-Claude se précise. Avec parfois des versions contradictoires, fantaisistes ou romancées assez surprenantes, que nous écartons très vite en recoupant l'ensemble des éléments qui nous sont rapportés. Il est curieux de constater que même dans de telles circonstances, certains se croient obligés de faire de la surenchère pour se montrer « meilleurs » témoins que les autres. Quitte à en rajouter. Il y a quelque chose d'insolite dans tout cela. Mais en quelques heures, nous obtenons les informations que nous cherchons. Pas sur les commanditaires du double assassinat. Je ne me pose même pas la question. Je les connais déjà, j'y reviendrai plus loin. Tout ce que je cherche, ce sont les éléments qui me permettront d'identifier les individus qui ont participé à cette action. Ce sera fait dans les vingt-quatre heures qui suivent.

Dans l'après-midi, nous retournons sur la place de L'Île-Rousse pour rencontrer d'autres témoins éventuels de l'assaut, prêts à nous raconter ce qu'ils ont vu, mais qui ne veulent surtout pas se manifester auprès des services de police. En fait, nous menons notre enquête de notre côté en procédant en quelque sorte à nos propres interrogatoires. Sur les lieux du double crime, les corps n'ont pas été enlevés. Policiers et gendarmes vont et viennent sous les regards des journalistes et des badauds. Un capitaine du SRPJ d'Ajaccio qui m'a reconnu m'appelle et me demande si, une fois les corps évacués, il pourrait m'entendre. Je lui donne mon accord. Peu après, un fourgon emporte les corps de nos amis vers la morgue de Bastia, et je rejoins le policier à l'intérieur du bar pour une audition de pure forme. Il me pose quelques questions, afin de savoir en particulier si Jean-Michel se sentait menacé. L'enquêteur fait preuve à mon égard de beaucoup de prévenance, se montre très humain et très prudent dans ses propos. À la fin de l'entretien, je signe le court procès-verbal et je retourne à la maison de Jean-Michel. En fait, je serai réentendu longuement, après les obsèques, par le patron de la Division nationale antiterroriste, dans les locaux du tribunal d'instance de L'Île-Rousse. C'est d'ailleurs à ce moment-là, juste avant le début de l'interrogatoire, que le commissaire me demandera de façon très officielle si je souhaite bénéficier d'une protection policière, proposition consignée au procès-verbal, tout comme mon refus.

Après avoir passé un moment dans la maison des Rossi, nous quittons L'Île-Rousse en début de soirée avec mon ami. Nous descendons sur Bastia en évitant la route nationale, sans doute par une sorte de réflexe de méfiance, et en empruntant seulement des petites routes. À Bastia, nous allons rendre une visite dans le quartier sud, à Lupino. Je dois voir des gens qui évoluent soit dans le milieu nationaliste, soit dans le Milieu tout court, et détenant des informations susceptibles de nous intéresser. Nous frappons aux portes en pleine nuit, à l'improviste, et nous questionnons.

Nous repartons vers le Sud pour un rendez-vous à Ghisonaccia où des militants amis veulent nous rencontrer. Alors que nous sommes quasiment arrivés à destination, un coup de fil sur le portable de mon ami nous force à faire demi-tour. Quelqu'un de Bastia veut nous donner une information capitale. Nous sommes déjà loin de la ville, aussi je propose que l'on se retrouve à mi-chemin, sur la commune de Moriani. Arrivés dans le village, nous nous installons dans un bar où nous buvons un café. Les clients attablés font prudemment semblant de ne pas nous reconnaître. Un consommateur anonyme nous fait toutefois servir une tournée de sa part. Lorsque notre contact arrive de Bastia, je vais à sa rencontre sur le parking et nous discutons à l'abri des oreilles indiscrètes.

Nous reprenons ensuite notre chemin vers Ghisonaccia où les deux militants nous attendent dans un bar. Nous profitons de cette pause pour manger, car nous n'avons rien avalé depuis le matin. Nous faisons le point, les militants nous apportent de précieux éléments d'information, et nous nous séparons. Ce n'est qu'au petit matin du 8 août que nous sommes de retour dans le Sud. Je me repose quelques heures dans la maison d'amis à Bonifacio, avant de remonter au village dans la matinée.

À Giannucciu, tout le monde est très choqué. Nous sommes loin de la Balagne, mais les habitants du village connaissaient bien Jean-Michel qui venait souvent passer quelques jours chez moi. J'ai ressenti une tristesse réelle chez tous ces gens qui sont pourtant aux antipodes de toute idée nationaliste. Tout cela, sans la moindre démonstration bruyante ou affectée mais plutôt par de petits signes discrets mais chargés de sens, une pression particulière lorsque les vieux prennent mes mains dans les leurs. Et le petit mot que beaucoup me glissent à l'oreille : « Ne bouge plus d'ici. » Une façon de me dire que tout le village est autour de moi, qu'ici, il ne m'arrivera rien.

Le 9 août, jour des obsèques, je remonte à L'Île-Rousse. Je retrouve le même climat silencieux que le premier jour, fait d'un mélange de tristesse, de douleur et de dignité. Le cercueil est installé dans la grande salle du rez-de-chaussée, celle où se tient d'ordinaire la vie de la maison. C'est là, au bout de la grande table, que Jean-Michel prenait ses repas en compagnie de sa mère et de ses amis. Je ne parviens pas à rester dans la pièce plus de quelques instants. Après avoir fait le tour du cercueil, la main posée sur le bois du couvercle, je suis obligé de sortir. Ayant pris l'air, je rentre dans la pièce, et à nouveau je suis incapable de supporter cette vision, le cercueil posé sur deux tréteaux, dans ce lieu où nous avons si souvent dîné ensemble, parlant de tout et de rien.

Dans la rue et le long du trajet que doit suivre le cortège, la foule grossit à mesure que l'heure avance. La cour et le jardin de la maison des Rossi accueillent les proches, les amis, la famille. Il y a beaucoup de monde. Des représentants de Corsica Nazione et de la Cuncolta sont venus. Avant la cérémonie, ils ont fait demander à la famille de Jean-Michel s'ils pouvaient venir. Sa mère et sa fille ont accepté après m'avoir demandé mon accord. Je considère que cela ne se refuse pas et que ce n'est ni le lieu ni le moment de régler ses comptes. Et puis il peut être instructif d'observer les expressions et les comportements des uns et des autres, souvent révélateurs de leur degré de sincérité ou d'implication. Je salue Dominique Ferrari, César Filippi, Patrice Murati. Jean-Guy Talamoni, élu à l'Assemblée de Corse et principal négociateur des accords de Matignon, est là également, entouré de quelques militants bastiais. Son alter ego, Paul Quastana, s'est fait excuser en expliquant que sa maman était souffrante. Je sais déjà, en les embrassant, que les assassins de mes amis évoluent dans leur environnement proche, et plus particulièrement dans les mouvances de la Cuncolta de Bastia et de Porto-Vecchio. Certains militants de la Cuncolta sont toutefois véritablement affectés. Comme César Filippi, élu de Corsica Nazione de la région de Porto-Vecchio, qui est bouleversé.

Peu avant le départ vers le cimetière, le cercueil est installé dans la cour, recouvert du drapeau corse. Le portail est soigneusement fermé. Dans un silence pesant, cinq hommes cagoulés et en treillis camouflé s'avancent d'un pas parfaitement synchrone pour rendre à Jean-Michel les honneurs militaires. Surgissant de nulle part, ils se placent autour de la bière, deux de chaque côté, le chef du commando face au cercueil. Sur l'ordre du responsable, ils tirent trois salves de pistolet en l'air, s'inclinent, embrassent le cercueil et disparaissent. L'émotion est intense. Nous prenons alors la direction du cimetière. Le cortège fait un seul arrêt sur la place devant la statue de Pascal Paoli, le « père de la nation corse », et le fondateur de la ville de L'Île-Rousse.

L'inhumation se fait en cercle plus restreint. Face au caveau familial, un groupe de jeunes chante le chant *U partigianu* et le *Dio vi salvi regina*, l'hymne corse. En fait, tous les détails de cette sobre cérémonie avaient été arrêtés par Jean-Michel. Il avait précisé qu'il ne voulait pas aller à l'église, lui, l'athée convaincu, qu'il voulait une halte symbolique devant la statue de Pascal Paoli, un drapeau corse sur son cercueil et le chant du partisan. C'est tout.

Après la cérémonie, nous redescendons du cimetière pour aller directement au bar *La Piscine*, avec une trentaine d'amis. Nous nous installons à la table où Jean-Michel et Jean-Claude ont été tués, et nous commandons à boire. Pour nous, c'est une façon de dire qu'ils reviendront.

En quittant *La Piscine*, nous retournons à la

maison des Rossi et je m'installe, avec un ami, dans la salle de séjour de l'appartement de Jean-Michel. Nous attendons de la visite. J'ai en effet demandé à certains représentants de la Cuncolta et de Corsica Nazione, lorsque je les ai salués avant l'enterrement, de ne pas s'éclipser après la cérémonie mais de nous rejoindre car nous avons des choses à nous dire.

Sont présents Jean-Guy Talamoni, d'autres élus, un représentant de l'exécutif de la Cuncolta et un représentant du FLNC Canal historique du Sud. Les visages sont livides. Il règne une tension terrible des deux côtés de la table. La réunion dure environ une demi-heure. Je leur explique d'où vient le double assassinat et qui y est impliqué. En face, personne n'ose démentir mes propos. Je leur dis que nous ne voulons aucune solidarité de leur part envers les assassins, et je leur demande de se démarquer des deux responsables qui ont organisé le double assassinat. Les exécutants ne m'intéressent pas. Ce ne sont que des « soldats ». Je veux en revanche que les deux commanditaires de cette opération, qui sont aussi des responsables nationalistes, soient mis à l'écart.

L'embarras de mes interlocuteurs est immédiatement perceptible. Ils m'expliquent qu'ils ne peuvent pas lâcher les gens comme cela, ouvertement. En fait, à ce moment-là, ils admettent que le crime vient bien de leurs propres rangs. Je leur propose alors une porte de sortie honorable. Impossible en effet de procéder à des exclusions qui désigneraient de manière trop évidente les coupables. En revanche, je suggère que les deux personnes s'écartent d'elles-mêmes du mouvement sous un quelconque prétexte, problèmes de santé, occupations professionnelles, ennuis familiaux. La gêne dans leurs rangs est encore plus manifeste lorsqu'il s'agit de savoir quel responsable devra porter la nouvelle et convaincre les individus concernés de démissionner de leurs fonctions. Personne ne se sent très à l'aise. Pour moi, c'est à Talamoni de le faire. Jean-Guy se défausse immédiatement, prétextant qu'il n'est qu'un militant parmi d'autres et qu'il ne maîtrise rien. Ma réponse est simple : il porte le discours de la Cuncolta, c'est donc à lui qu'incombe cette mission. Je considère qu'il est un peu trop facile d'avoir la casquette du général quand tout va bien et celle du soldat quand tout va mal. Le responsable du Front demande alors qu'on leur accorde du temps, quelques jours, pour écarter les responsables visés. En fait, tous ont peur des individus que nous avons identifiés dans cette affaire. La réunion se termine, tout le monde s'embrasse, se souhaite bon courage avec force recommandations de prudence.

Je sais déjà qu'ils ne feront rien. Nos interlocuteurs n'ont pas les moyens de mettre les autres au pas. Plus tard, ni la Cuncolta, ni Corsica Nazione ne se démarqueront des organisateurs du double assassinat.

Ce soir-là, nous restons à L'Île-Rousse, pour assister le lendemain à l'enterrement de Jean-Claude Fratacci, à Patrimonio.

Voilà. Jean-Michel est mort et enterré et je ne le réalise pas. Il me faudra des semaines pour comprendre. Pour admettre que le coup du fil du matin, la revue de presse, les commentaires caustiques, tout cela, c'est fini. Pour digérer le choc, la douleur. Pour découvrir l'ampleur de la perte. Car Jean-Michel n'était pas seulement mon ami. Il était cela, bien sûr, mais il était autre chose d'indéfinissable. Nous étions proches au-delà de ce que l'on peut imaginer. Nous avions l'un pour l'autre une profonde estime et une confiance aveugle et sans limite. Sa disparition est pour moi comme une mutilation.

Jean-Michel aspirait à construire un nationalisme au service d'un peuple et non au service d'une nomenklatura, un véritable projet pour la Corse. Il voulait démontrer qu'il existait une alternative face aux dérives de certains. Ensemble, nous avons connu bien des désillusions mais nous partagions cet espoir. Les trahisons et les déceptions n'ont fait que renforcer notre détermination. J'aurais voulu continuer à écrire avec Jean-Michel. C'est pour lui que j'écris ce livre aujourd'hui.

Je sais qu'il voulait continuer à travailler, à écrire. Il projetait même d'aller s'installer définitivement à Paris en septembre 2000, pour ouvrir une librairie qui aurait été aussi un lieu de débats.

Tout le monde a tenté de gangstériser le double assassinat de L'Île-Rousse, de le réduire à une affaire de banditisme, pour éviter de créer un problème politique. Il fallait à tout prix cacher que ce sont les nationalistes qui sont à l'origine de cet acte.

Ce livre veut expliquer qu'en Corse, certaines morts ne sont pas des coups du sort, mais des opérations bien orchestrées.

II

LE DOUBLE ASSASSINAT DE L'ÎLE-ROUSSE

Le matin du 7 août 2000, Jean-Michel Rossi ne change rien à ses habitudes. Levé comme chaque jour vers 6 heures, il vaque à ses occupations dans son appartement. Il prépare quelques affaires, car il doit partir me rejoindre dans le Sud, enfile son gilet de toile sans manches et glisse son pistolet, un Glock 26, dans l'étui qu'il porte à la ceinture, côté droit. Aux environs de 7 h 30, il descend dans la cour de la maison et monte dans sa Golf verte pour aller se garer sur le parking de la place, devant la terrasse du bar *La Piscine* où il prend son café matinal depuis des années. Mais avant de s'attabler, ce lundi, il doit d'abord remplir les obligations de son contrôle judiciaire. Après avoir salué quelques personnes, il reprend donc sa voiture et monte à la gendarmerie pour « pointer », en signant le registre qui atteste de sa présence.

Puis il redescend en ville, range la Golf sur le parking de *La Piscine.* Là, il rencontre l'un de ses amis. Tous les deux s'en vont à pied, tranquillement, dans les rues du centre-ville acheter la presse du jour, *Libération, Le Figaro* et *Le Monde.* Vers 8 h 30, ils sont de retour sur la place. Jean-Michel commande deux cafés, pour lui et son ami, et s'engage sous la tonnelle qui protège la terrasse des rayons du soleil, déjà chaud. Il pose les journaux sur la table qui se trouve juste en face de la porte d'entrée du bar et s'assied, dos à la mer, pour parcourir les grands titres, avant de m'en faire un résumé au téléphone.

À cet instant, Jean-Michel ignore que ce sont justement ses habitudes qui vont le conduire à la mort. Pourtant, tout pouvait le lui laisser craindre. Les signes inquiétants, les informations pessimistes, les faits troublants s'accumulaient. Toute personne sensée, face à ce tableau, aurait compris qu'il fallait au moins prendre des précautions, éviter les sorties, voire même « prendre le large » quelque temps. Il ne l'a pas fait, et d'une certaine manière, je le comprends. Des années de lutte, ponctuées d'événements dramatiques, ont engendré une sorte de lassitude, chez lui comme chez moi. Une forme de fatalisme finit, à l'usure, par remplacer l'élémentaire prudence. On se dit « advienne que pourra ». Ce n'est pas un sentiment d'invincibilité, loin de là, mais une résignation qui vous gagne face à un coup du sort que d'imperceptibles choses vous font pressentir. Je crois que Jean-Michel était dans cet état d'esprit. Cet été-là, nous avons passé beaucoup de temps ensemble. Et je l'ai senti tendu. Juste avant le drame, alors que sa fille s'en allait en voyage, il lui avait dit pour la première fois « Ne t'inquiète pas pour moi », et il l'avait serrée dans ses bras comme il ne l'avait jamais fait auparavant.

Parmi les signes avant-coureurs figure une rencontre, une dizaine de jours avant le double assassinat. Je suis chez Jean-Michel, à L'Île-Rousse, lorsque je reçois un coup de fil de l'extrême Sud. Un ami m'explique que quelqu'un va passer nous voir. Ce « quelqu'un » est une figure du grand banditisme qui dans le Milieu fait en quelque sorte « autorité ». Rien à voir avec un petit malfrat de banlieue. C'est un homme intelligent, cultivé et qui impose le respect dans sa partie. Il arrive en début d'après-midi sur la place de L'Île-Rousse, où nous l'attendons à bord du 4×4 Toyota noir qu'un ami nous a prêté. Il se gare, nous rejoint dans le véhicule et nous roulons tranquillement jusque sur la presqu'île de la Pietra. Nous nous arrêtons sur le parking du port, qui est désert, et la discussion s'engage. Elle va durer près de deux heures. Et pendant tout ce temps, Jean-Michel et moi n'arrivons pas à comprendre pourquoi cet homme, qui ne fait pas partie de notre monde, a demandé à nous voir, tant la conversation est banale. Il parle de tout et de rien, des uns et des autres, du temps, de la saison, de la politique. Cela ne rime à rien. Si encore il s'était agi d'une rencontre fortuite, au comptoir d'un bar. Nous nous connaissons de longue date, et même si chacun mène sa vie à sa manière, si nous n'avons rien en commun, cela n'empêche pas une certaine sympathie réciproque. Mais là, les choses sont différentes. C'est lui qui vient à nous et pour qu'il ait fait autant de kilomètres avec les risques que cela comporte pour lui, il faut bien qu'il y ait une raison autre qu'échanger des platitudes et des banalités. Mais nous n'arrivons pas à savoir laquelle. Juste avant de nous séparer, l'homme fait comme s'il avait oublié de nous dire une dernière chose. « Ah ! dites, au fait, Jean-Michel, on entend beaucoup ton nom en ce moment. Fais attention qu'il n'y ait pas quelque chose qui se monte contre toi. Pars quelque temps avec François dans le Sud, il est beaucoup moins facile à approcher que toi, mets-toi au vert. » Il répète plusieurs fois ces deux mots : « Fais attention. » Mais tout cela est dit d'un ton tranquille, comme un bon conseil que l'on glisse à un ami. Jean-Michel répond sur le même ton, presque en haussant les épaules, du genre « Qu'ils viennent et on verra s'ils se la sentent ». Et notre visiteur d'insister, en expliquant qu'à notre époque, « on te monte dessus facilement, une équipe de jeunes, ils peuvent être quatre, cinq, ils peuvent même être pleins de came », avant de recommander encore une fois à Jean-Michel de faire attention. Tout est dit. Nous ramenons notre visiteur à sa voiture, il repart comme il est venu et nous rentrons à la maison.

Nous aurions dû prendre le message au sérieux tout de suite. Au lieu de cela, nous décortiquons la discussion, tentant de comprendre ce qui a pu pousser cet homme à se déplacer. Et si le seul vrai motif de la visite, c'était l'avertissement pour Jean-Michel ? Je lui propose donc de venir sans tarder avec moi dans le Sud, une petite mise au vert le temps pour quelques amis à nous d'aller à la pêche aux renseignements et de vérifier tout cela. Et je lui demande ce qu'il en pense.

Jean-Michel est hésitant. Nous reprenons la discussion. Et à force de retourner les choses dans tous les sens, nous allons commettre deux erreurs d'analyse. Nous finissons par nous convaincre que premièrement ce type nous rend un pseudo-service. Il nous donne une information qui ne vaut rien, sous couvert d'une démonstration d'amitié, et il nous rend débiteur à son égard. Et que deuxièmement, la visite de notre homme avait un seul but : il venait s'assurer de nos dispositions à l'égard de ses amis du banditisme, en raison d'une sombre affaire survenue quelque temps auparavant dans le Sud. Une rumeur ou une manipulation, deux sports très prisés en Corse, tentait en effet de nous mêler à cette histoire dans laquelle nous n'avions rien à voir ni de près ni de loin. Notre interlocuteur aurait ainsi cherché à détecter chez nous, au travers d'une discussion banale, des signes éventuels de crispation, d'inquiétude ou d'agressivité, avant-coureurs possibles d'événements plus fâcheux pour ses amis. Totalement étrangers à cette affaire, nous n'avons même pas abordé le sujet, lui non plus. Après ces cogitations, nous concluons que notre visiteur n'est venu que pour cela, et qu'il n'y a donc pas de risque.

Jean-Michel ne voit pas plus le risque lorsque, quelque temps plus tard et à deux reprises, des voitures suspectes sont repérées. La première fois, je suis avec lui, justement à la terrasse de *La Piscine.* Il est environ 17 heures, nous prenons l'apéritif. Nous sommes assis face à face, je regarde côté rue, Jean-Michel côté parking. De ma place, je vois arriver dans la rue une Peugeot 306 avec deux hommes à son bord. Les occupants sont coiffés de casquettes. Quand le véhicule passe devant le bar, nous nous levons tous les deux, sur le qui-vive. Et la 306 tourne brusquement à gauche pour entrer dans le parking en prenant un accès en sens interdit. Là, Jean-Michel me dit : « On les intercepte. » Il file d'un côté, moi de l'autre pour les prendre en tenailles, mais les deux occupants de la Peugeot nous ont vus. Ils font brusquement demi-tour et filent. Jean-Michel a eu le temps de les reconnaître. Ce sont des jeunes de la région, des pseudo-nationalistes. Et en allant nous rasseoir à la terrasse, il m'explique qu'il en a marre de ces jeunes « qui se la jouent voyou ». Nous apprenons du coup que quelque temps avant, deux amis de Jean-Michel ont intercepté un militant nationaliste de Calvi dont le comportement les intriguait. Tout cela aurait dû alerter Jean-Michel. Mais il ne prend pas davantage en compte ce qui se passe le vendredi 4 août au matin. Attablé à la terrasse de *La Piscine*, il voit arriver une Peugeot 306, cinq hommes en casquettes à bord. Plusieurs amis à nous sont dans le bar et se lèvent en voyant arriver le véhicule, dont les occupants ne demandent pas leur reste. Jean-Michel, à nouveau, traite l'événement par le mépris et s'oppose même à ce que ses amis partent en chasse derrière la Peugeot. Malheureusement, ce sera le dernier signe.

Jean-Michel est donc à sa table, sur la terrasse de *La Piscine*, ce 7 août. Il attend Jean-Claude Fratacci, qui est en retard. Les deux amis doivent ensuite prendre la route pour descendre au village, chez moi, à Giannuciu, où ils doivent arriver pour l'heure du déjeuner. Jean-Claude arrive enfin et s'attable pour prendre le café. Il s'installe à côté de Jean-Michel, légèrement en biais, face à la devanture du bar. Un détail idiot, qui leur a peut-être coûté la vie. Car dans cette position, ni l'un ni l'autre ne verront arriver les assaillants dans leur dos. Jean-Claude Fratacci boit son café, tandis que la troisième personne attablée avec eux quitte la table.

L'opération peut démarrer. Préparée depuis quelques semaines, elle a été confirmée le matin même par un appel téléphonique passé à 6 h 17, par un détenu corse depuis une maison d'arrêt de la région parisienne à un responsable de l'Union des combattants de Porto-Vecchio.

Le « top départ » est donné aux tueurs qui sont en poste alentour, par un commerçant de

L'Île-Rousse dont l'épouse est la cousine de l'un des membres du commando. D'ailleurs, ce commerçant qui est dans le bar s'en va quelques instants avant l'assaut. Lors de son interrogatoire par les policiers, il niera avoir été présent sur les lieux au moment de la fusillade. Mais nous apprendrons par l'un des employés du bar qu'il était bel et bien là. Il était même arrivé particulièrement tôt, vers 6 h 30, afin de pouvoir relever en toute discrétion la caisse d'une machine à sous clandestine qu'il exploitait dans un local voisin.

À 8 h 45, une Peugeot 306 gris anthracite avec un gyrophare bleu posé sur le tableau de bord arrive côté rue et s'arrête à la hauteur du bar. Un homme portant un bouc et une moustache en descend. Il dit à voix haute : « Ils sont là. » Aussitôt, trois autres occupants jaillissent et les premiers coups de feu claquent. La fusillade va durer sans doute plus d'une minute.

L'équipage de la 306 s'est scindé, deux hommes se positionnent dos à l'entrée du bar. Deux autres s'engagent sous la tonnelle qui protège la terrasse et mitraillent à tout-va. Jean-Claude Fratacci reçoit plusieurs décharges de chevrotine tirées de face dans la région du cœur. Il s'effondre avant d'avoir eu le temps de dégainer. Dans le même temps, et tout cela ne dure que quelques secondes à peine, Jean-Michel sort son arme et fait feu en direction des assaillants. Il ne voit pas deux autres tueurs, qui ont garé leur Peugeot 206 un peu à l'écart et arrivent par le parking, derrière lui. L'un des deux avance tranquillement, un fusil bien calé au creux de son épaule droite. Tout en se rapprochant de la terrasse du bar d'une démarche lourde, il tire méthodiquement, comme à l'exercice. Son complice, qui est à ses côtés, porte un sac blanc en bandoulière. Les deux hommes se placent ensuite sur la même ligne, côte à côte, et continuent à tirer en direction de Jean-Claude et de Jean-Michel. Le combat est par trop inégal, le commando fait usage de toute sa puissance de feu. Jean-Michel est touché de cinq projectiles dans le dos et tombe, face contre terre. Les tireurs continuent de faire feu en direction des deux corps immobiles, à quelques mètres de distance. C'est alors que l'un des assaillants s'approche de Jean-Michel, lui tire trois balles derrière la tête et ramasse le Glock de mon ami. Leur besogne accomplie, le petit groupe se replie comme il est arrivé, les deux occupants de la 206 filent par le parking en direction de la plage, ceux de la 306 démarrent en trombe et tournent à toute vitesse en direction de la sortie de la ville, grillant un stop au passage. Sur leur trajet, ils tombent nez à nez avec un groupe d'une douzaine de personnes, des clients de l'hôtel voisin qui ont assisté à la scène. Le chauffeur de la voiture tente alors de cacher une partie de son visage avec sa main gauche. Dans leur fuite, les assassins ont de la chance, car en cette période de l'année et à cette heure matinale, il y a d'ordinaire beaucoup de livraisons dans le quartier. Or ce matin-là, la rue est déserte. Il n'y a ni livreurs ni passants.

En fait, cette opération destinée à marquer l'opinion et à inspirer la crainte a été menée « en meute », pour se donner le courage nécessaire, et a été réalisée « au flan ». Le *modus operandi* n'est pas sans rappeler celui de la racaille qui gangrène le mouvement nationaliste bastiais depuis des années et qui malheureusement fait des émules dans l'extrême Sud. De véritables professionnels seraient montés au contact à l'arme de poing, à pied et à trois. Un tireur, une deuxième personne pour assurer la protection du tireur, et un chauffeur pour les évacuer. Mais le combat au corps à corps suppose une structuration mentale, une forme de courage et une maîtrise de soi dont les assassins de mes amis ignorent tout.

Sur place, les experts de la police retrouvent quarante-neuf douilles, dont l'examen permet d'identifier en partie l'arsenal des tueurs : trois pistolets 9 mm de marque Glock ou Smith et Wesson, dont deux ne sont pas équipés de leurs canons d'origine, un pistolet 9 mm de type indéterminé, un fusil de chasse calibre 12, un fusil colt AR 15 tirant du 222 Remington. L'une des douilles ramassées sur le sol provient d'un fusil d'assaut AKSU en calibre 5,45. Cette arme est en fait une mini-Kalachnikov destinée aux unités d'élite russes. Un lot de ces AKSU était arrivé en Corse en 1995, acheté par le secteur de Bastia du FLNC Canal historique. Cette seule douille provenant de cette arme, pourtant automatique, et donc tirant en rafales, suggère que le fusil s'est enraillé dès le premier coup. Curieusement, quelques-unes de ces armes livrées en 1995 étaient défectueuses. C'est d'ailleurs la raison pour laquelle le Sud n'avait pas voulu en acheter, outre leur prix prohibitif et la difficulté à se réapprovisionner en munitions, incompatibles avec la norme occidentale de l'OTAN (calibre 5,56). Deux armes de ce type avaient été trouvées au domicile du secrétaire national de la Cuncolta lors de son arrestation en 1998. Une de ces armes est également détenue par le responsable militaire du FLNC qui n'est autre qu'un des responsables de l'ancien secteur

Marana, région qui a abrité pendant de longs mois, dans le village de Borgo, trois des membres du commando, sous le regard de certains services de police.

III

CONTRE-ENQUÊTE

Dans la nuit du 7 au 8 août et dans les jours qui ont suivi, j'ai recueilli différents témoignages qui m'ont permis de reconstituer précisément le film des événements.

Les six hommes ont opéré à visage découvert. Ils ont été rapidement identifiés par les témoins de la scène, qui ont également relevé les numéros d'immatriculation des voitures. La plupart de ces témoins éviteront de se faire connaître auprès des services de police, pour ne pas se retrouver en fâcheuse position. En revanche, avec mes amis, nous recueillons auprès d'eux des informations très précises. L'un des quatre occupants de la 306, le seul pourtant à s'être muni d'une perruque aux longs cheveux, est reconnu dès qu'il met le pied hors de la voiture, en raison de sa démarche très particulière, « une démarche de poulpe » dira un témoin. L'homme au bouc et à la moustache est également identifié, un troisième au teint très mat aussi.

Après la fusillade, l'un des membres du commando est déposé hors de la ville et récupéré par un fourgon blindé d'une société de transports de fonds aux mains des nationalistes bastiais qui a succédé à Bastia Securità, cette ancienne enseigne ayant été mise en liquidation judiciaire. L'individu évacué est employé par une autre société chargée uniquement d'approvisionner les distributeurs de billets. Ses principaux associés sont des membres de la Cuncolta. Nous découvrons rapidement, grâce aux numéros des voitures, que les Peugeot utilisées pour le double assassinat ont été louées chez Hertz à Bastia, et justement pour le compte de cette dernière société. La 206 a d'ailleurs été déposée à Calvi, et retourne à Bastia sur le camion porte-autos de Hertz. Nos investigations nous permettent également de constater que les tueurs ont loué plusieurs véhicules identiques. Avec deux 306 de même couleur, dont l'une est équipée de fausses plaques frappées du numéro d'immatriculation authentique de l'autre, les tueurs disposent ainsi d'une « doublette » parfaite, l'un des véhicules pouvant servir d'alibi à l'autre.

La société de transport admet que l'un de

ses fourgons opérait ce jour-là dans le secteur, et qu'elle a embarqué un employé de l'autre société pour faire la tournée. Une façon de lui rendre service et de se tenir compagnie, les hommes chargés d'approvisionner les distributeurs travaillant d'ordinaire seuls et dans un véhicule banalisé. La personne en question aurait donc laissé sa voiture à l'entrée de L'Île-Rousse, aurait pris place dans le fourgon qui partait vers Calvi, et ne serait revenue à L'Île-Rousse que vers 9 h 20, soit environ une demi-heure après le drame. Tout cela étant attesté par les relevés horaires des banques desservies sur la tournée.

Or, dans une première version qui nous est communiquée le 10 août, lors de l'enterrement de Jean-Claude Fratacci à Patrimonio, on nous fait dire, de la part d'un des associés de la société chargée d'approvisionner les distributeurs de billets, qu'il est impossible que notre suspect soit mêlé à cette affaire. Il n'y aurait, selon ses propos, pas de lien entre le double assassinat et la présence de cet employé à L'Île-Rousse le matin du 7 août, cette présence se justifiant par des raisons professionnelles. Cette explication précipitée a une faille. Pour la rendre plus crédible on ajoute qu'en outre, cet individu est couard de nature car « lorsqu'il a entendu les coups de feu, il s'est jeté à plat ventre dans le fourgon de transport de fonds». Sous-entendu, un trouillard pareil est bien incapable d'aller tuer quelqu'un. Mais pourquoi se coucher dans le fourgon, si le fourgon est à Calvi? En effet, à l'heure du crime, le fourgon est bien à Calvi, comme l'attestent les relevés horaires des banques desservies. Dans la précipitation des premiers jours, et pour tenter de se dédouaner au plus vite, les membres du commando et leurs amis donnent des versions pour le moins bâclées.

Armata Corsa (voir page 75) expliquera dans une interview accordée au *Figaro* au mois de janvier 2001 qu'un des membres du commando a été évacué de L'Île-Rousse par le fourgon de transport de fonds arrivé sur les lieux après la fusillade.

Plus précisément cet individu a quitté L'Île-Rousse dans la 206 en direction de Calvi à la rencontre du fourgon qui l'a récupéré en cours de route. Contrairement à sa version notre suspect n'a pas récupéré sa voiture — d'ailleurs une 306 —, qui ne s'est en fait jamais trouvée à l'entrée de L'Île-Rousse mais qui est étrangement semblable à celle qui a opéré devant le bar *La Piscine* et dont, selon

Armata Corsa, les plaques mal rivetées ont laissé apparaître d'autres numéros.

Cela signifie pour moi que les responsables de la société de transports de fonds ont fourni délibérément un alibi lorsqu'ils ont été entendus par la police en affirmant que cet individu, pour des raisons de sécurité, avait laissé son véhicule à l'entrée de L'Île-Rousse pour faire la tournée avec eux et donc se trouvait à Calvi au moment des faits.

Après le double assassinat, la seconde équipe, celle de la 306, repart vers la côte orientale par la route des Agriates, peu fréquentée. L'un des quatre occupants est déposé par ses amis au pont d'Ucciana, où l'attend un militant du Sud. Or, ce militant et celui qu'il récupère sont repérés deux fois. Une fois par des amis de Jean-Michel, qui montent d'Ajaccio après avoir entendu la nouvelle du double assassinat et qui passent à ce moment-là sur la route. Dès leur arrivée à L'Île-Rousse, ils me le signalent. Une autre fois par les policiers des Renseignements généraux, qui filent le militant du Sud pour une autre affaire.

Les trois autres s'arrêtent dans la région de Saint-Florent chez des complices, le temps que les éventuels barrages de gendarmerie soient levés. En fait, l'un des tueurs, celui décrit par les témoins comme « très mat », est originaire de ce secteur. Ce qui explique que quelque temps après, et alors qu'aucun nom ne circule encore, une personne de Saint-Florent va aller voir les amis de Jean-Michel en Balagne, pour assurer que « ces gens-là » — et il cite les noms de militants nationalistes en fuite recherchés par la police pour d'autres faits — n'y sont pour rien.

L'alerte passée, les trois hommes quittent leur planque près de Saint-Florent et se replient sur le village de Borgo, au volant de la 306. Ils vont d'ailleurs sillonner la Haute-Corse avec cette même voiture, comme si de rien n'était. Ils sont ainsi repérés par deux amis de L'Île-Rousse, roulant tranquillement sur la route de Calvi, quelques jours après leur forfait. Après un moment de surprise, les amis de Jean-Michel rattrapent la 306, lui collent au train et la dépassent, bien décidés à ouvrir le feu sans sommation. Mais au dernier moment, ils ont un doute en voyant les trois occupants de la Peugeot se recroqueviller dans leurs sièges. Ils se disent : « Ce n'est pas possible que ce soit les gens que l'on cherche. Des types qui sont montés sur un coup aussi dur ne réagiraient pas comme ça, ils feraient face. » Les amis de Jean-Michel rangent donc leurs armes et se contentent de relever le numéro avant de faire demi-tour. Et pourtant, c'était bien eux.

Les services de police sont également sur la piste de la 306. Ils la surveillent, la voient partir tous les jours de Borgo, puis revenir, sans jamais intervenir. Ce qui suscite chez nos amis de nombreuses questions sur l'attitude de ces services. La réponse policière à ces interrogations, qui leur sont parvenues, c'est l'impossibilité de donner l'assaut dans un village. Des clandestins suggèrent alors qu'ils pourraient se substituer aux policiers pour intervenir en leur lieu et place. Réponse des services de police : « Si vous y allez, c'est vous qui allez tomber dans les mailles du dispositif que l'on a mis en place tout autour du village. » Étrange dialogue, qui donne l'impression que du côté de l'enquête officielle, certains essaient de laisser aux suspects le temps d'éliminer les éléments matériels en leur possession, comme les armes ayant servi à l'assaut contre nos deux amis, éléments qui les confondraient à coup sûr.

Dans le courant du mois d'août se tient une réunion à Figari, en pleine journée. Les auteurs du double assassinat se méfient des réactions des amis de Jean-Michel et de Jean-Claude. Ils craignent des représailles, au point d'ailleurs que certains responsables de la Cuncolta se sont mis au vert juste après l'attaque de L'Île-Rousse. Et face à ce qu'ils estiment être un danger potentiel, ils se retrouvent discrètement pour élaborer un plan de bataille. Parmi les personnes présentes on retrouve trois des membres du commando de L'Île-Rousse, dont certains recherchés dans le cadre d'autres affaires, des responsables de la Cuncolta et un élu de Corsica Nazione à l'Assemblée de Corse. La discussion porte sur la nécessité de localiser d'urgence tous mes amis dans le Sud, de repérer tous les endroits dans lesquels je peux me trouver, bref, de se mettre en situation d'anticiper le danger en l'éliminant au besoin.

Un militant nationaliste présent, qui refuse de cautionner cette affaire, se charge de me prévenir et de me relater la teneur de la réunion. Je fais donc savoir que je suis au courant, en téléphonant notamment à l'élu de Corsica Nazione. Je m'étonne de sa présence, lui, « le grand humaniste », dans une telle affaire. Et l'autre de jurer ses grands dieux qu'il n'a rien à voir avec tout cela. Le discours du parfait faux-jeton. Car je sais qu'il était bien présent, le jour dit, dans la maison de Figari.

Je sais aussi qu'en téléphonant à cet élu, mon informateur va être démasqué. Il en est d'ailleurs parfaitement conscient et m'a donné son accord. C'est un type bien. Première réaction des gens d'en face, mon espion est convoqué par deux des participants de la réunion de Figari. Il m'avertit et se rend au rendez-vous avec beaucoup de précautions. La rencontre se déroule dans le calme. Il s'agit simplement de prévenir ce militant honnête que François Santoni se prépare à l'assassiner. Et que de plus amples informations vont lui être données par des responsables de l'Union des combattants. Il doit pour cela se rendre tout de suite au barrage de Tals, près de Figari, dans une zone désertique et en pleine nuit. Le militant acquiesce et s'en va. Bien évidemment, il ne se rend pas au barrage. Il n'a aucune envie de terminer la soirée au fond de l'eau, enroulé dans du fil de fer, et de servir de dîner aux carpes et aux brochets...

Le coup est raté. Les protagonistes de la réunion de Figari montent donc une deuxième opération, quelques mois plus tard. Un Bastiais, membre du commando de L'Île-Rousse, et un responsable de Porto-Vecchio se chargent de l'exécution. Les voilà qui cherchent leur cible, roulant à moto à petite vitesse dans les rues de Bonifacio, tous deux casqués et vêtus de K-way noirs. Pas de chance, ils tombent sur un de mes amis qui les voit arriver et qui immédiatement flaire quelque chose d'anormal. En plein hiver, les touristes à moto se font rares. Et en Corse, les seuls motocyclistes qui portent un casque sont soit des policiers de la route, soit des tueurs en maraude... Mon ami croyant que l'on va attenter à sa vie porte donc la main dans sa veste. Aussitôt, les deux motards de faire un geste amical de la main et de filer sans demander leur reste. Mais il m'avertit de l'incident et nous cherchons immédiatement à savoir après qui en ont les deux individus en noir, avant de conclure que leur cible n'est autre que notre informateur. Prévenu, ce dernier se rend alors chez un militant de la Cuncolta de Bonifacio dont l'attitude à son égard l'intriguait depuis quelque temps. Après l'utilisation d'arguments « contondants », le militant de la Cuncolta se met à table, expliquant que trois types dont il donne les noms étaient venus le voir et lui avaient demandé de faire les repérages pour flinguer notre informateur.

IV

LES VRAIES RAISONS DE LA MORT DE JEAN-MICHEL ROSSI

Pour faire comprendre les raisons qui vont conduire à l'exécution de Jean-Michel Rossi par des nationalistes, il me faut remonter quelques années en arrière.

Jean-Michel, c'est le pilier du mouvement clandestin en Balagne. Il a toujours été le vrai patron, par son charisme et son poids politique. Mais les représentants de la structure au Nord ont toujours pesé pour que le représentant officiel du Front soit un homme inféodé à leur clan, même s'il ne maîtrisait rien ni personne sur ce secteur. Tout cela pour éviter d'avoir en face d'eux quelqu'un qui était capable de leur tenir tête, de taper du poing sur la table, et surtout quelqu'un qui ne faisait aucune concession à certains principes. Ce qui lui vaut la réputation, sans doute en partie fondée, de doctrinaire. En revanche, il bénéficie d'un appui total des structures du Sud, parce que les militants sont d'accord avec lui, à l'exception du secteur de Corte, toujours prêt à s'aligner derrière ceux qui ont la main sur la caisse, avec quelques résultats d'ailleurs puisqu'ils ont récupéré l'ancienne société de transport de fond Bastia Securità. Avec le temps, Jean-Michel va donc cristalliser sur lui les oppositions qui vont se faire jour entre le Nord et le Sud.

En 1998, il est en détention provisoire à la prison de la Santé, à Paris. Les policiers le soupçonnent d'être mêlé au mitraillage de la façade d'un hôtel à Aregno, en Balagne. Mais depuis sa cellule, Jean-Michel continue d'écrire pour l'hebdomadaire du mouvement, *U Ribombu*, dont il est le rédacteur en chef. Curieusement, plusieurs de ses textes ne sont pas publiés. Inquiet de cette véritable censure qui le bâillonne, il s'en ouvre à moi. Je pose des questions, auxquelles l'exécutif de la Cuncolta me répond en m'expliquant que personne n'est contre lui mais que certains de ses textes ne sont pas passés parce que l'ensemble du mouvement était contre. Il s'agit en particulier de textes dans lesquels Jean-Michel stigmatise l'assassinat et les assassins du préfet Érignac. Il me semble alors que quelque chose est en train de se tramer en dehors de nous. À l'automne, Jean-Michel reçoit de Bastia une lettre de quatre pages dans laquelle, après quelques flagorneries sur son intelligence brillante, on lui explique que je suis devenu fou, manipulé, et que je suis en train de me transformer en mercenaire. La totale. Sa seule réponse est de démissionner, dès le lendemain, de la Cuncolta.

Il est remis en liberté provisoire peu de temps avant moi, fin 1998. Et dès son retour chez lui, à L'Île-Rousse, il reçoit la visite de deux responsables de la Cuncolta, venus sous le prétexte de le consulter sur ses positions politiques. Ils sont accompagnés d'un individu à qui nous avons assuré pendant des années le gîte et le couvert, en sus de l'appui politique, en dépit du fait qu'il n'était qu'un « droit commun ». La rencontre se déroule à la terrasse du bar *La Piscine*. Et Jean-Michel entend avec étonnement ledit individu s'en prendre à moi en termes peu amènes. Sa réponse, en forme de fin de non-recevoir, est cinglante. Jean-Michel ignore à ce moment-là que l'individu attablé en face de lui, et à qui il vient d'infliger une humiliation devant deux témoins, figurera au nombre de ses assassins un an et demi plus tard...

C'est à peu près à la même époque que Jean-Michel reçoit une nouvelle délégation, formée de deux responsables bastiais de la Cuncolta, tendance « bas quartiers », et d'un ancien du Milieu toulonnais. Il faut savoir qu'en 1995, au moment de la guerre entre factions nationalistes, certains responsables bastiais avaient proposé de se replier tous ensemble sur Toulon. Selon eux, la sous-préfecture du Var pouvait constituer une base arrière idéale dans laquelle nous trouverions tous les moyens logistiques et financiers pour préparer une contre-offensive sur la Corse. En fait, je me suis vite rendu compte que l'opération, concoctée par certains Bastiais et leurs amis du Milieu varois, avait surtout pour but d'utiliser les nationalistes de notre frange pour s'emparer des restes de l'empire Fargette, le parrain abattu en 1994 en Italie.

Cette fois, la proposition est sensiblement différente. Les trois visiteurs viennent demander à Jean-Michel Rossi sa neutralité bienveillante dans un projet d'implantation de plusieurs cabarets et boîtes de nuit, entre Calvi et L'Île-Rousse. Établissements qui devaient constituer le support idéal pour un réseau de distribution de drogue. En échange, évidemment, on lui fait clairement comprendre qu'il ne sera pas oublié, pas plus que ses amis, lors de la distribution des bénéfices. Pour les trois hommes, l'accord de Jean-Michel Rossi est indispensable dans la réussite de l'opération. Ils savent que sans ce feu vert, ils s'exposent à une opposition politique, et militaire s'il le faut, à laquelle ils préfèrent ne pas être confrontés. Jean-Michel ne tergiverse pas : c'est non. Les trois hommes repartent. Mais le sort de Jean-Michel Rossi est scellé. La décision d'abattre ce gêneur est prise dans les jours qui suivent.

Plusieurs tentatives vont être éventées, grâce notamment à des tuyaux venus du banditisme. Il faut dire que le Milieu en place ne voit pas forcément d'un bon œil l'implantation de nouvelles équipes venant leur disputer leur territoire. À plus forte raison si ces équipes disposent de l'appui d'une branche armée clandestine.

C'est dans ce contexte que le 21 juillet 1999, Armata Corsa tue un garçon boucher dans le village de Belgodère. L'opération est revendiquée quelques semaines plus tard. Selon le communiqué des clandestins, la victime, chargée d'abattre Jean-Michel Rossi, aurait donc été éliminée au nom du principe de « légitime défense préventive ». Cette opération va profondément déstabiliser le petit groupe qui veut la peau de Jean-Michel. Pendant plusieurs mois, un calme apparent se réinstalle. Quelques personnages disparaissent de la circulation et vont se mettre au vert.

À l'approche du printemps 2000, et avec

l'imminence du retour massif de la clientèle touristique, les projets assassins sont réactivés et certaines figures réapparaissent dans le paysage. Une information précise parvient aux oreilles des amis de Jean-Michel. Lesquels décident de prendre les devants et d'abattre le présumé meneur de l'opération. Le 21 juin, Paul Grimaldi, un ancien lieutenant de Fargette, est tué. Des armes provenant du stock du FLNC Canal historique de Bastia sont retrouvées à son domicile, notamment un pistolet Tokarev, ainsi que diverses armes longues provenant de vols chez des particuliers. Grimaldi était un ami de Charles Pieri et de Dominique Giuntini, cogérant du bar *La Piscine*.

Malheureusement, quelques semaines plus tard, la troisième tentative est la bonne. Jean-Michel Rossi et Jean-Claude Fratacci sont abattus. La coalition des nationalistes bastiais et du banditisme toulonnais, appuyée par des nationalistes ajacciens humiliés, est parvenue à ses fins.

V

LA GUERRE DES POLICES

L'enquête sur le double assassinat de L'Île-Rousse est marquée par des luttes d'influence entre les différents services de police. À la concurrence traditionnelle entre les unités s'ajoutent les rivalités internes au sein d'une même équipe ou entre services parisiens et locaux. Cet antagonisme se traduit le plus souvent par de la rétention d'informations.

Ainsi, dans l'enquête Rossi-Fratacci, la Division nationale antiterroriste ne dispose pratiquement d'aucun élément en dehors des constatations faites sur place au moment du double assassinat alors que les Renseignements généraux disposent de leur côté d'une somme importante d'informations.

À la DNAT quelques-uns ont bien à cœur de réussir cette enquête mais comme cela arrive parfois, le politique prend le pas sur le judiciaire et le policier, et leur hiérarchie, la Direction de la police judiciaire, habituellement si prompte à dénigrer les services concurrents, en particulier devant les commissions d'enquête parlementaires, ne fait rien pour recueillir ces informations. Elle interfère en permanence dans les enquêtes de la DNAT au mépris de la nouvelle direction de cette unité et, dans le cas présent, elle se montre beaucoup plus soucieuse d'orienter cette enquête sur une affaire de droit commun et, ce, pour deux raisons.

La première, c'est l'opportunisme légendaire de deux hommes, l'un policier, l'autre magistrat, qui semblent prêts à s'aligner sur n'importe quel gouvernement, non pas parce qu'ils se considèrent comme des serviteurs de la République, mais parce qu'ils se croient obligés de faire allégeance pour obtenir gratifications, émoluments, promotions de carrière voire quelques rubans.

Tous deux vont soigneusement éviter de révéler à la DNAT qu'ils écoutent plusieurs détenus corses depuis mai 1999, c'est-à-dire plus d'un an avant le double assassinat de L'Île-Rousse. Ils savent que ces hommes, dans leurs cellules, sont bel et bien détenteurs de téléphones mobiles et que certains touchent de près à l'affaire Rossi. Mais leurs écoutes ont pour unique but d'essayer de réussir au moment opportun la très médiatique arrestation d'Yvan Colonna, assassin présumé du préfet Érignac. Le reste leur importe peu. Ils se taisent et cela les arrange de se dire que, de toute façon, Rossi et Fratacci sont morts comme ils ont vécu. Ils les rajoutent sur la liste et ne mettent pas en danger d'autres enquêtes.

La deuxième raison est la volonté de faire dégénérer une situation avec le grand banditisme. Ce policier peut donc voir d'un très bon œil un affrontement avec certaines figures de ce milieu, surtout si disparaissent au passage quelques anciens compagnons de route pour le moins compromettants. Il espère également ainsi relancer sa carrière, laquelle pourrait bien se terminer par une mise au placard, grâce à quelques arrestations qui lui permettraient de se refaire une virginité.

Quant à notre magistrat, notoirement de droite et que certains décrivent comme un mégalomane introverti, il a le sentiment qu'en ne réalisant aucun acte d'enquête, il peut s'attirer la sympathie d'un gouvernement de gauche. Il sait qu'en haut lieu, on n'a pas toujours vu d'un bon œil le zèle avec lequel il a servi les gouvernements précédents, pour apporter un semblant de succès aux ministres de l'époque. Par exemple dans la prétendue lutte contre les réseaux islamistes qui s'est révélée pour les initiés une véritable esbroufe car rien n'a jamais été démantelé et si les attentats ont cessé, ce n'est sans doute dû qu'aux tractations occultes du gouvernement avec les extrémistes musulmans. Ce qui n'a d'ailleurs rien de choquant lorsqu'il s'agit avant tout d'assurer la sécurité de la population.

Ce policier et ce magistrat ont, par leurs personnalités mêmes, beaucoup attisé les rivalités traditionnelles entre les services. Le rapport de la Commission d'enquête du Sénat sur la sécurité en Corse est d'ailleurs particulièrement éloquent sur cette question des conflits de personne. Dans le chapitre intitulé « Une accumulation singulière et confondante de dysfonctionnements dans la période récente », le rapporteur de la commission écrit : « Au-delà même des problèmes de structure et d'organisation, les questions de personnes éclairent une part non négligeable des dysfonctionnements des services de sécurité en Corse. Votre commission n'a pas eu besoin de recourir à des confrontations : de leur propre chef, nombre de personnalités entendues lors des auditions ont choisi de se placer en opposition les unes par rapport aux autres. Les appréciations de caractère personnel n'ont pas manqué. Elles ont parfois revêtu un caractère violent. Elles témoignent sans nul doute de susceptibilités, de rivalités à la mesure des lourdes responsabilités dont sont chargés la plupart des acteurs de la politique de sécurité sur l'île. Parmi les différentes personnalités entendues par votre Commission, *[ces]* figures se distinguent particulièrement ne serait-ce que parce que les autres personnes convoquées ont eu tendance à se situer par rapport à elles. Malgré des caractères et des tempéraments bien différents, *[ils]* ont ce point commun de ne laisser indifférent personne. Ce sont de fortes personnalités pourvues d'un solide amour-propre. Les relations qu'ils entretiennent avec leur environnement portent la marque de ces tempéraments : elles présentent soit le caractère de l'emprise, soit celui du conflit lorsqu'une résistance leur est opposée. L'emprise peut-elle aller jusqu'à la manipulation ? Certains propos pourraient le laisser croire... »

Mais dans l'enquête sur le double assassinat de L'Île-Rousse, les Renseignements généraux ont une responsabilité au moins aussi écrasante que ces deux personnages et à divers titres.

Ses responsables parisiens — et on peut les comprendre —, méprisés, doublés dans l'affaire Érignac, « balancés » devant deux commissions d'enquête, celle de l'Assemblée nationale et celle du Sénat, nourrissent un ressentiment, pour ne pas dire plus, à l'égard d'un service qui, sous prétexte qu'il fait de la procédure, méprise les hommes de renseignement.

Dans le cadre de cette enquête, les Renseignements généraux ont réagi très vite et ont accumulé une somme importante d'informations. Ils ont localisé dans les quinze jours qui ont suivi le lieu d'habitation à Borgo d'une partie du commando et ont mis en place un dispositif de surveillance qui les a amenés à suivre quotidiennement ces individus au gré de leurs diverses pérégrinations.

Ils admettront d'ailleurs avoir été stupéfaits par la décontraction dont faisaient preuve ces hommes qui circulaient alors au volant d'une 306 rouge, louée tout à fait normalement au nom d'une jeune femme identifiée par leurs soins. À maintes reprises, la 306 va conduire les Renseignements généraux dans les bas-fonds bastiais.

Il faut admettre qu'à cet instant la surveillance policière était tellement serrée sur ces individus que si qui que ce soit, organisation clandestine ou autre, avait tenté de les approcher il aurait été immédiatement identifié. En d'autres termes cette surveillance était pratiquement une « protection » qui leur était assurée. C'est dans ce cadre-là que l'on verra se dérouler un attentat contre la caserne de la gendarmerie de Borgo, à la mi-décembre 2000, sans aucune intervention policière et bien évidemment sans que soient avertis les militaires de la gendarmerie.

Là encore, les motivations des supérieurs — plus que celle des hommes de terrain — semblent dictées, d'une part, par la rancœur et l'animosité à l'égard des services de police judiciaire et, d'autre part, par le fait qu'ils se considèrent comme un service de prospection et d'analyse politique et pensent ainsi devoir jouer un rôle éminent dans les orientations et les décisions politiques prises par rapport à la Corse.

Au nom du service de la République auquel ils ne croient sans doute pas plus que moi, ils évoluent selon les volontés supposées ou réelles du gouvernement en place.

Pourtant si les Renseignements généraux ont cristallisé, à juste titre, un fort ressentiment de notre part, comme de la part d'autres aussi, ce n'est pas à cause de leur direction parisienne. Celle-ci a, certes, fait preuve d'un laxisme coupable vis-à-vis de ses subordonnés et a pratiqué la désinformation auprès des journalistes pour décrédibiliser toutes nos prises de position dans le cadre de cette affaire. Certains ont agi par esprit de corps, d'autres à cause de leurs liens constants avec quelques-uns des acteurs de la mouvance à l'origine du double assassinat. Mais ce ressentiment est surtout né de l'attitude de l'antenne des RG de Bastia qui, même si elle a obtenu le soutien public du préfet de police Ange Mancini, s'est montrée bien plus que partisane dans cette affaire.

En effet, deux de ses membres, qui depuis plusieurs années sont au service des commanditaires du double assassinat de L'Île-Rousse, ont divulgué bon nombre d'éléments d'enquête ainsi que les adresses de diverses personnes sur la région bastiaise, supposées être les adversaires des commanditaires, mettant ainsi leur vie en péril. Ces deux hommes avaient déjà eu l'occasion de se distinguer après la mini « nuit bleue » réalisée à Porto-Vecchio, la veille de la première réunion des élus corses à Matignon, le 13 décembre 1999. Ce soir-là, un militant de la Cuncolta avait été interpellé en flagrant délit alors qu'il déposait une charge explosive. D'autres personnes ayant participé à cette opération avaient pris la fuite. Ce sont nos deux RG qui avertiront les responsables nationalistes bastiais de l'identité des participants à cette action et surtout du fait que les services de police les avaient identifiés, et cela depuis plus d'une semaine. Situation qui aboutira à l'assassinat, par des nationalistes, de l'un des militants recherchés pour sa participation supposée à l'opération de Porto-Vecchio. Cela explique aujourd'hui le peu d'empressement à dénouer une enquête où les lampistes trinqueront comme d'habitude mais où, curieusement, ceux qui peuvent être considérés comme les responsables semblent avertis de toute opération ou information judiciaire pouvant être menée contre eux.

Ces deux policiers ont aussi fait remonter à Paris des rapports fortement orientés, voire de faux rapports pendant de nombreux mois, jusqu'à ce qu'ils soient pris la main dans le sac.

Il est d'ailleurs intéressant de noter qu'ils se sont bien gardés de porter plainte, bien que les syndicats de police les aient fortement incités à le faire, lorsque leurs deux noms ont été cités sur un site Internet. Ces deux RG ont manifestement réalisé leur degré d'implication et le danger qui pouvait les guetter dans une affaire où les morts commencent à s'accumuler de façon tragique et inquiétante. Soucieux de protéger leur existence, ils ont en effet quémandé un arrangement auprès des amis de Jean-Michel Rossi via le grand banditisme.

La Corse est ainsi faite. Au nom de certaines amitiés, au nom des liens de famille, on accède souvent à ce genre de requête même s'il en coûte. C'est ce qui fut fait. C'est pour cela que je n'ai pas pu m'empêcher de sourire en entendant le ton guerrier et grandiloquent employé par le préfet de police pour assurer ces hommes de son plus total soutien.

Apparemment, ce n'est pas cela qui a suffi à les rassurer...

VI

ARMATA CORSA

Au-delà des amis, des familles ou de la presse qui s'interroge, une organisation clandestine s'est impliquée, de manière très rapide mais très discrète, dans l'enquête sur l'assassinat de Jean-Michel Rossi et de Jean-Claude Fratacci : Armata Corsa. Elle ne révélera pourtant son action que plusieurs mois après le double assassinat, en dévoilant une partie des éléments d'enquête en sa possession. Elle revendiquera également plusieurs actions, parmi lesquelles l'exécution de deux individus dont elle présume qu'ils étaient impliqués dans l'affaire. On peut d'ailleurs penser qu'Armata Corsa ne distille qu'une partie de la vérité et qu'elle a pu mener une autre action de type dur, ce qui porterait à trois le nombre d'exécutions.

Pour autant, Armata Corsa a refusé de créer les conditions d'un affrontement ouvert avec la mouvance nationaliste. Nombreux sont ceux qui au lendemain du 7 août 2000 attendaient une riposte sanglante et sans discernement visant globalement les cadres et les militants de la Cuncolta. Mais Armata Corsa, à juste titre, a estimé qu'au-delà de la responsabilité de ceux qui ont perpétré ce double assassinat, celle de l'État semblait, comme dans l'affaire Érignac, sérieusement engagée. C'est pour cela qu'il lui est apparu que c'était à l'État et au gouvernement socialiste de rétablir une situation qu'ils avaient contribué à créer en laissant se développer un sentiment d'impunité dans les rangs de cette frange dévoyée du nationalisme.

Les suggestions faites à maintes reprises par les « petits marquis » du cabinet Jospin pour résorber la clandestinité et la maîtriser ont notamment contribué à développer ce sentiment d'impunité. L'idée évoquée par les socialistes quelque temps avant le double assassinat consistait à créer trois zones d'influence : le Nord, l'extrême Sud et la région d'Ajaccio, attribuées à trois responsables militaires clandestins, sans tenir compte de leur organisation clandestine d'appartenance. Ces nouveaux chefs adoubés par le pouvoir légal pourraient contrôler et mettre au pas toute forme de dissidence y compris par des moyens radicaux. Dans ce schéma, la Balagne n'était pas une zone d'influence à part entière mais devait être englobée dans la zone nord. Ce projet totalement irréaliste semble ne pas avoir eu prise sur au moins deux des trois personnes pressenties. Pour avoir trop longtemps côtoyé les sphères parallèles du pouvoir, elles ont jugé l'entreprise hasardeuse et vouée à un échec retentissant. En revanche, cette construction a accrédité chez les Nordistes, qui y étaient très favorables et se déclaraient prêts à y participer, l'illusion d'avoir obtenu un véritable blanc-seing du gouvernement, et plus sûrement du Parti socialiste.

C'est probablement ce qui a conduit Armata Corsa à mettre en demeure le gouvernement de faire cesser ce sentiment d'impunité et, même si les moyens mis en œuvre par cette organisation pour atteindre cet objectif sont critiquables, comment ne pas partager cette analyse ?

La stratégie d'Armata Corsa est d'ailleurs parfaitement décrite par un jeune chercheur en science politique de l'université de Bordeaux, Thierry Dominici. Dans une étude récente, intitulée *Vers un nouveau type de stratégie insurrectionnelle, l'exemple d'Armata Corsa,* l'auteur explique que « dès sa création, ce groupe clandestin a refusé de s'immiscer dans la lutte de libération nationale préétablie par l'ensemble de la famille nationaliste représentative sur la scène politique locale. D'ailleurs, il ne propose pas de programme de résistance comme le fit le FLNC en 1976 et tous ses corollaires de scissions en dissidences et de guerres larvées en union contre-nature. Armata Corsa utilise une autre méthode que l'on peut comparer à celle établie par le sous-commandant Marcos dans son manifeste *¡Ya basta!*. Ce groupe se reconnaît dans l'image d'un justicier des droits fondamentaux des insulaires et non dans un nouveau mouvement de lutte de libération nationale de la Corse [...]. Dans ses communiqués de presse, le mouvement clandestin pose les bases d'un ultimatum reposant sur l'idée de justice. En effet, il demande notamment à l'État de mettre en œuvre une véritable action répressive contre les assassins de Jean-Michel Rossi et Jean-Claude Fratacci. Ce groupe contestataire oblige l'ensemble des acteurs politiques, liés de près ou de loin au projet de loi d'un nouveau statut de l'île, à dévoiler leurs liaisons dangereuses avec les groupuscules armés formant l'Union des combattants. Ainsi, Armata Corsa donne l'exemple de l'utilisation d'un type nouveau de la violence politique. [...] »

Pour Armata Corsa, l'attitude de l'État consiste à rester dans une forme de léthargie politique sans visibilité sur ses intentions réelles, lesquelles sont donc sujettes à interprétation par les différents services de l'État sans que le gouvernement puisse être mis en cause pour avoir donné une quelconque directive. C'est finalement ce manque de lisibilité qui encourage toutes sortes de comportements tant du côté nationaliste que du côté policier et, bien entendu, judiciaire, et qui rend possibles des dysfonctionnements très inquiétants qui peuvent un jour créer des conditions de manipulation extrêmes.

Ainsi, à titre d'exemple, il est très intéressant d'observer la manière dont se sont déroulés les faits dans le cadre de l'attentat de Marseille. Le 20 octobre 2000, un appel téléphonique anonyme à un journaliste avertit de la présence d'une voiture piégée. « Une 306 blanche va exploser à 18 heures dans la rue Jean-Martin à Marseille, 5e arrondissement, à proximité d'un commissariat et d'un bureau du Trésor public. C'est un avertissement à monsieur Jospin. Lui seul connaît nos attentes et nos revendications. Faites le nécessaire. »

Cette voiture avec à son bord 80 à 100 kilos d'explosifs ne devait pas exploser, la charge n'étant pas reliée à un détonateur. Elle n'était en quelque sorte qu'une forme de boîte aux lettres, certes avec un cachet un peu spécial, mais uniquement destinée à appuyer le message sous enveloppe déposé dans la voiture à l'attention du Premier ministre. Ce courrier disparaîtra sans jamais parvenir à son destinataire.

En vérité, trois jours avant sa découverte « officielle », le ministère de l'Intérieur avait été averti de sa présence, connaissait le type de véhicule, la rue ainsi que le numéro d'immatriculation. Selon des informations très précises distillées dans la mouvance sympathisante d'Armata Corsa, il semble que cette tentative ne devait pas être rendue publique. C'est l'absence totale de réaction officielle qui va pousser les militants d'Armata Corsa à finalement alerter la presse et à rendre cette affaire publique pour éviter qu'elle ne soit totalement étouffée. Les militants ont également voulu couper court, de cette façon, à toute idée d'utilisation « détournée » de la voiture piégée par ceux qui, au sein du ministère, avaient été avertis de sa présence. Il aurait en effet suffi à ces derniers d'activer la charge neutralisée et de déposer la bombe devant n'importe quel autre objectif pour créer une situation de déstabilisation.

Rétention d'information, utilisation par certains de cette situation, toutes sortes de questions peuvent surgir qui poussent les clandestins à un raidissement forcément nuisible à la paix mais qui trouvent vraisemblablement une justification dans le machiavélisme ou tout simplement le manque de courage du gouvernement socialiste dans le cadre de cette affaire.

D'autant que l'attitude de certains services de police, au moment de l'affaire de la voiture piégée de Marseille, est plutôt surprenante. Ils laissent en effet entendre au gouvernement que le groupe clandestin Armata Corsa fait une sorte de « bluff », et que ses militants n'ont pas la détermination nécessaire pour commettre réellement un attentat en pleine ville. Comme suite logique à cette analyse, ils se mettent à exercer une énorme pression sur moi et sur tout mon entourage. Parce que, encore une fois, les stratèges du ministère de l'Intérieur en sont réduits à penser qu'Armata Corsa, c'est moi, François Santoni, et qu'il suffit donc de me neutraliser, par une surveillance de tous les instants, pour neutraliser Armata Corsa.

Au quotidien, cette pression prend des allures tout bonnement ubuesques. En Corse, ce sont des fourgons de gendarmerie qui stationnent en permanence devant ma porte, et qui me suivent dès que je mets le nez dehors. Même lorsque je donne une interview à Pierre-Jean Luccioni, de France 3 Corse, sur le port de Bonifacio, on voit les deux fourgons bleus garés un peu plus loin. Des amis, des parents, se retrouvent dans la même situation, avec des rondes incessantes, des gendarmes qui relèvent systématiquement les numéros des voitures garées devant chez eux. C'est un peu comme si on voulait m'isoler du reste du monde, me forcer à rompre tout contact avec quiconque, bref, m'emprisonner dans une cellule sans barreaux, dans ma propre maison au village.

Les braves gendarmes de l'île ne sont pas trop contents, et ils le font savoir. Ils voudraient bien que je reparte à Paris, car ils sont obligés de mobiliser tous leurs effectifs sur moi et pour une mission dont ils ne comprennent pas forcément le sens. J'ai même entendu un jour un militaire qui appelait son supérieur au téléphone, dans l'aéroport de Figari, où ils m'avaient suivi, et qui disait : « Ça sent la paillote, cette histoire. » Lorsque je rentre à Paris, je retrouve le même dispositif, avec plus d'ampleur encore. Tous mes téléphones sont sur écoute. La ligne personnelle de ma compagne, avocate, l'est également, comme le confirme un relevé d'écoutes envoyé par France Telecom à la Division nationale antiterroriste. À la suite d'une confusion, ce relevé a été faxé, non pas au commanditaire de l'écoute judiciaire, mais au numéro mis sur écoute, c'est-à-dire à nous. Il y a tellement de services différents à l'écoute qu'il peut arriver que les techniciens se mélangent un peu les bretelles...

Des dizaines de policiers des Renseignements généraux de la préfecture de police de Paris et d'autres services se relaient dans ma rue, toujours prêts à m'emboîter le pas. Certains sont si rapides à démarrer, avec leur voiture de service, qu'ils en oublient parfois leur guetteur posté dans la rue. Je revois encore ce pauvre inspecteur en train de courir au milieu de la chaussée, en faisant de grands gestes à destination de ses deux collègues qui filaient déjà derrière moi...

Cependant, il leur faudra quand même quinze jours pour se rendre compte que mon immeuble parisien dispose de deux sorties, dans deux rues différentes. Ce qui les oblige alors à doubler les effectifs. Mais ils sont toujours là. Je vais chez le dentiste, ils sont là. J'ai rendez-vous avec mon éditeur, ils sont là. Je rencontre un journaliste, ils sont là. Si j'ai parfois de la peine pour eux, en les voyant, à trois dans leur voiture garée devant la grille, en train de manger leurs sandwichs jambon-beurre, l'agacement grandit à mesure que le temps passe. Un beau jour, je dois même appeler au téléphone le ministère de l'Intérieur, pour avertir que je vais tirer sur deux types louches qui me suivent dans une Peugeot 306 couleur Champagne. Heureusement, mes suiveurs se font contrôler par des gardes républicains, devant le Sénat, et je vois à ce moment-là qu'il s'agit bien de policiers.

Ce déploiement de forces autour de moi et de mes amis n'empêchera pas Armata Corsa d'intervenir à Paris, comme elle l'avait prévu. De ce que l'on sait, par l'intermédiaire de sympathisants de cette mouvance, début mars 2001, une Renault 19 blanche, volée auparavant en région parisienne, est déposée par une première équipe devant le cimetière de Montrouge, dans la banlieue sud de Paris. À son bord se trouve une charge à peu près identique à celle de Marseille, à savoir une centaine de kilos de nitrate-fioul contenu dans plusieurs jerrycans. L'un des bidons est équipé d'un cordeau explosif disposé en serpentin à l'intérieur. Mais l'ensemble ne peut pas fonctionner. Car c'est une deuxième équipe, celle qui vient prendre livraison du véhicule, qui possède le dispositif d'amorçage doté d'une télécommande. Ce choix aurait été dicté par des impératifs de sécurité. Armata Corsa envisageait en effet de faire un très gros attentat mais ne devait en aucun cas causer de dommages à des passants. La commande de l'explosion par un système de minuterie ne permettant pas de contrôler de façon précise la présence ou non de personnes à proximité au moment de l'explosion, Armata Corsa avait semble-t-il opté pour une mise à feu télécommandée à distance.

Mais lorsque cette deuxième équipe arrive en vue de la R19, elle constate qu'un véhicule de la fourrière est tout bonnement en train d'emporter la voiture et son contenu ! Et le plus bizarre dans cette histoire, c'est que non seulement, dans les jours qui suivent, personne n'en parle, mais que surtout la R19 a disparu. Volatilisée. Même une fois son existence révélée, près de deux semaines plus tard, la police ne parviendra pas à en retrouver la trace. À moins qu'elle n'ait été mise volontairement sous le boisseau.

Car c'est juste après l'enlèvement de la R19 que les autorités judiciaires lancent une vaste opération en Corse contre des individus de la mouvance nationaliste, suspectés d'avoir participé au double assassinat de L'Île-Rousse. Certes, le coup de filet est organisé dans le cadre d'une autre enquête, mais les individus ciblés sont bien les bons. C'est la première fois, et cela correspond précisément à la demande d'Armata Corsa. Cependant, grâce à la mystérieuse disparition de la voiture piégée à Montrouge, les autorités de l'État peuvent montrer qu'elles agissent dans ce dossier, mais qu'en aucun cas elles ne cèdent au chantage d'une organisation clandestine.

Cette attitude peut expliquer la suite des événements, avec ce qui peut apparaître comme une réponse d'Armata Corsa. Le 22 mars, à 9 h 38, un correspondant anonyme appelle un journaliste du quotidien *Libération*, et lui dicte ce court texte : « Suite aux récentes preuves de bonne volonté du Parti socialiste au pouvoir, en particulier sur l'affaire du meurtre de Jean-Michel Rossi et de Jean-Claude Fratacci, nous, Armata Corsa, renonçons à une action qui se serait avérée extrêmement meurtrière pour le peuple français, qui devait frapper le siège du Parti socialiste. Nous prouvons encore une fois que nous pouvons frapper où et quand bon nous semble. Bien entendu, cette trêve serait immédiatement rompue si un ou plusieurs de nos militants venaient à être inquiétés. Nous frapperions alors au cœur de Paris. Le véhicule qui devait nous servir est garé porte Brancion en bordure du boulevard périphérique. Nous avons retiré la charge active. Il reste à l'intérieur les produits incendiaires. Le véhicule est une Clio noire immatriculée 8811 RR 94. » Les policiers découvrent effectivement la Clio à l'endroit indiqué. Elle avait été volée quelques jours auparavant dans le Val-de-Marne. Dans son coffre, les enquêteurs découvrent six bonbonnes de gaz, un jerrycan contenant le mélange explosif nitrate-fioul, ainsi que deux sacs-poubelle contenant, pour l'un, de la poudre, pour l'autre, des clous et des boulons. Le tout est relié à des fils électriques et à des piles de 9 volts. Le dispositif d'amorçage est absent.

Le but de l'organisation clandestine n'est pas, cette fois, de faire des dégâts, mais simplement de dire aux autorités : « On a bien reçu le message, mais l'opinion publique doit savoir que vous avez cédé. » Et elle attend la suite avec intérêt...

DEUXIÈME PARTIE

L'affaire Érignac

L'assassinat de militants nationalistes n'est, pour les plus hautes autorités de l'État, qu'une péripétie. Cette attitude est une constante qui ne s'est jamais démentie, y compris à l'occasion de la mort de Jean-Michel Rossi et de Jean-Claude Fratacci.

En revanche, s'il est un crime qui ne pouvait rester impuni, c'est bien celui du préfet Érignac, abattu le 6 février 1998 à Ajaccio. Pourtant, une relecture des événements qui l'ont précédé et qui l'ont suivi tend à montrer que là aussi, les dés étaient pipés...

I

L'ANNÉE 1997

Au début de l'année 1997, le mouvement nationaliste ne sait plus très bien où il en est. Les négociations menées avec le ministre de l'Intérieur Charles Pasqua, en 1994, n'ont pas eu le temps d'aboutir, interrompues par l'élection présidentielle de 1995. Jacques Chirac élu, Charles Pasqua qui avait choisi le camp d'Édouard Balladur a été contraint de se retirer. Les discussions ont repris fin 1995 avec son successeur place Beauvau, Jean-Louis Debré. Mais après la conférence de presse clandestine du FLNC Canal historique tenue — à la demande du ministre — en présence de plusieurs centaines de militants cagoulés et armés, dans la nuit du 10 au 11 janvier 1996, à Tralonca, les contacts ont été suspendus, puis rompus. Le Premier ministre Alain Juppé a repris en main le dossier corse, et mis un terme à tout espoir de solution négociée. Enfin, en décembre 1996, j'ai été écroué, ainsi que Marie-Hélène Mattei, dans le cadre d'une sombre affaire de tentative d'extorsion de fonds contre les installations du golf de Sperone.

La situation semble figée, le mouvement nationaliste est dans l'attente d'une suite des événements qu'il ne semble pas bien entrevoir. Au risque de rater un tournant important : l'arrivée des socialistes au pouvoir en juin 1997, à l'occasion de la dissolution de l'Assemblée nationale. Trop sûr de jouer gagnant en misant sur Charles Pasqua, puis Jean-Louis Debré, le bloc Cuncolta-FLNC Canal historique a complètement négligé les contacts avec la gauche.

Au mois d'avril 1997, lorsque le président de la République Jacques Chirac annonce la dissolution de l'Assemblée nationale, et que petit à petit, les chances pour l'opposition socialiste de l'emporter se révèlent, il faut réagir en catastrophe. Je participe alors, du fond de ma cellule de la prison de la Santé, à l'élaboration d'une stratégie d'urgence. Je rappelle que je suis toujours, à ce moment-là et jusqu'à ma démission en septembre 1998, l'un des deux secrétaires nationaux de la Cuncolta naziunalista, l'autre étant Charles Pieri, responsable bastiais.

Pour renouer les fils du dialogue interrompu, l'un des plus vieux militants de la Cuncolta, un homme de confiance du mouvement, est mandaté par certains cadres — pas par tous — pour prendre contact avec l'équipe Jospin. Il sera accompagné, pendant toutes ses démarches, par Paul Quastana, membre de la Cuncolta et élu à l'Assemblée territoriale sur la liste Corsica Nazione. Ce dernier, professeur de gestion à l'IUT de Corte, devenu l'un des deux représentants nationalistes dans la négociation du processus de Matignon, est à l'époque l'un des piliers politiques de ma tendance sur le sud de l'île. C'est d'ailleurs moi, depuis la prison, qui impose sa présence sur la liste Corsica Nazione et ce, en position éligible pour le scrutin de mars 1998, en dépit du veto nordiste.

Les discussions avancent vite. Deux réunions secrètes se tiennent à Paris, dans l'appartement d'un avocat. Sont présents, côté nationaliste, notre militant, accompagné de Paul Quastana et de mon cousin Vincent Ciccada, représentant des Verts et aujourd'hui élu de Corsica Nazione. Un premier accord est trouvé sur le fait que Lionel Jospin, s'il l'emporte, se positionnera à propos du dossier corse dès son discours de politique générale à l'Assemblée. Ce qu'il fait effectivement le 19 juin 1997, en quelques phrases : « En Corse — comme partout ailleurs sur le territoire national — le Gouvernement veillera au respect de la loi républicaine auquel la population aspire et sans lequel il n'y a pas d'essor possible. Parallèlement, il fera en sorte que la solidarité nationale s'exerce pour rattraper le retard de développement dû à l'insularité. Le Gouvernement encouragera l'affirmation de l'identité culturelle de la Corse et l'enseignement de sa langue. »

C'est ce que nous demandions. Nous avons été entendus. Les discussions peuvent donc se poursuivre.

C'est aussi à cette époque que je reçois au parloir des informations inquiétantes. Du fond de ma cellule, je comprends qu'une nouvelle stratégie politique se dessine au sein du mouvement. Le projet d'abattre une personnalité importante, et dont la mort créerait une véritable déstabilisation de la situation en Corse, est évoqué dans certaines instances nationalistes. La direction bastiaise du FLNC Canal historique en aurait fait la proposition aux responsables d'Ajaccio. Ce n'est pas la première fois qu'une telle suggestion est avancée. Au cours de toutes ces années de lutte, l'idée est revenue plusieurs fois sur le tapis. Pierre Poggioli, ancien dirigeant du FLNC, explique dans l'un de ses ouvrages comment, en novembre 1987, le Front avait décidé de tuer le préfet Morin, avant de renoncer. En 1995, en pleine période d'affrontements entre factions nationalistes, un tract anonyme de plusieurs pages, issu du milieu nationaliste et diffusé en Corse, avait remis le couvert. Après une longue diatribe contre les principaux chefs des différents mouvements, le texte dénonçait les tentatives d'arrangement avec l'État : « En jouant avec le feu, Charles Pasqua a engagé l'État et l'État doit payer la facture. » Le tract se terminait par cet avertissement lourd de sens : « Depuis quelque temps, les hauts fonctionnaires et responsables de l'État en Corse sont discrètement surveillés afin de pouvoir être abattus le moment venu. En Corse, on dit le sang lave le sang, et le sang corse ne sera pas le seul à couler. » Ce retour des vieux démons du nationalisme m'intrigue.

Notre représentant n'en continue pas moins sa tâche, toujours en compagnie de Quastana. Il reçoit de Paris une liste de personnalités à contacter. Nos deux émissaires se mettent donc en route. Ils rendent visite au docteur Simon Renucci, qui fut le chef de file du comité de soutien à Lionel Jospin pour la présidentielle de 1995, et qui sera élu en mars 2001 maire d'Ajaccio. Ils remontent ensuite à Bastia chez Paul Giacobbi, le président radical de gauche du Conseil général de Haute-Corse. Giacobbi se montre un peu réticent pour s'engager dans cette opération. Il explique qu'il est d'accord avec la démarche, mais qu'il préfère, dans un premier temps, ne pas apparaître au grand jour, en raison d'un problème électoral. Giacobbi brigue en effet un mandat de député et des accointances avec les nationalistes pourraient lui porter ombrage si elles venaient à être connues. C'est du moins la raison qu'il invoque. En fait, le président du Conseil général comprend vite qu'il n'est pas le chef de file dans cette affaire, lui qui préférerait apparaître comme l'initiateur d'une démarche « novatrice ». En fin politique, l'homme traîne les pieds en attendant son heure. Elle viendra fin août 1998, alors que cette première tentative de dialogue aura avorté. Lors d'un colloque organisé par un institut d'études européen à Helsinki, en Finlande, en présence des représentants de toutes les tendances politiques insulaires et de Pierre Joxe, Paul Giacobbi se prononcera en faveur de la suppression des Conseils généraux et de l'apprentissage de la langue corse.

Enfin, notre émissaire rencontre Pierre Chaubon, haut fonctionnaire à Paris et maire de Nonza, en Haute-Corse. Le rendez-vous a lieu dans les locaux de la communauté de communes du Cap-Corse, à Port-Toga. Et là, surprise, Charles Pieri, secrétaire national de la Cuncolta pour la Haute-Corse, impose sa présence au prétexte que la rencontre se tient dans sa zone d'influence, et qu'il doit y assister. Cette présence est apparemment mal venue, d'autant que Pieri, qui n'a pas participé aux entretiens précédents, est incapable de suivre le fil de la conversation. Ses interventions ne sont qu'une suite de banalités. Et surtout, Paris ne veut pas de Pieri dans cette affaire, et l'avait fait savoir dès le début des discussions à nos représentants ajacciens. Du coup, le maire de Luri, Dominique Cervoni, dont la présence n'était pas non plus prévue, se joint à eux pour équilibrer le débat.

Lors de ces entrevues, l'envoyé du mouvement expose la trame de l'accord qui pourrait être envisagé. Sur le fond, cette plate-forme en discussion à la mi-97 préfigure largement ce que seront les futurs accords dits « de Matignon », qui seront mis en chantier en novembre 1999, après les attentats contre la DDE et l'Urssaf d'Ajaccio. Sur la forme, les nationalistes proposent la même démarche que celle qui avait été présentée à Charles Pasqua en 1994 et acceptée par ce dernier. À savoir, d'abord une première négociation avec l'organisation militaire clandestine accompagnée d'une trêve, puis le passage à une discussion publique menée avec les élus, le tout devant aboutir au dépôt définitif des armes et à la disparition des organisations clandestines en contrepartie des avancées obtenues sur le statut de l'île et sur la reconnaissance du peuple corse.

Pendant cette phase de contacts, une opération « écran de fumée » est mise sur pied afin de masquer le déroulement des négociations. Des militants nationalistes s'agitent beaucoup, rencontrent ostensiblement des personnalités politiques corses en vue dans les cercles du pouvoir parisien. Mais ce ne sont que des leurres.

De leur côté, les tenants d'une action meurtrière contre une personnalité poursuivent également la préparation de leur projet. Le débat a lieu au sein d'un petit groupe de dirigeants du Front, essentiellement du secteur de Bastia, associé à des militants en rupture de ban. C'est une structure informelle, qui agit en marge des organisations légales ou clandestines existantes, mais qui s'appuie sur de petits groupes activistes. Ce groupuscule bénéficie également de contacts aussi inattendus qu'inespérés avec des membres du ministère de l'Intérieur, issus de l'ancienne équipe de Charles Pasqua mais qui sont restés en poste sous Jean-Louis Debré et qui le restent encore après la nomination de Jean-Pierre Chevènement. Ces policiers avec qui j'entretenais jusqu'alors de très bons rapports annoncent brutalement à certains de mes proches qu'il leur faut couper toute relation avec moi. Et que dorénavant, ils vont jouer une autre carte. Celle des Bastiais. Ces derniers ont expliqué à leurs nouveaux amis parisiens qu'il y avait des affaires dans lesquelles je ne marcherais jamais. D'où la nécessité de m'écarter.

De ce qui me revient des élucubrations de ces individus, je comprends que la cible pourrait être une personnalité politique du sud de l'île. Le nom d'un fonctionnaire de police d'Ajaccio est également cité parmi les victimes potentielles. Le Front, au travers de ce projet, passerait ainsi à un stade supérieur dans la lutte contre l'État. Cette stratégie est défendue depuis des années par certains militants dans l'organisation. Mais elle n'a jamais pu connaître d'aboutissement, en raison du manque de politisation et d'engagement de la base. Malgré les souhaits de quelques-uns, les conditions d'un affrontement brutal avec l'État et la classe politique traditionnelle n'ont jamais été réunies. Au contraire. Une analyse des rapports de force du moment démontre que les relations entre le mouvement nationaliste et la classe politique sont très resserrées, et que la population n'est pas prête à suivre les nationalistes dans une radicalisation jusqu'au-boutiste sur le modèle d'ETA au Pays basque.

Qu'importe. Deux militants du Sud reçoivent un beau soir la liste des « objectifs » à supprimer. Cinq noms sont inscrits sur un petit bout de papier. Les Sudistes s'empressent de dire à l'envoyé du Front bastiais qu'ils vont faire le nécessaire. Puis ils font le dos rond. Pas question pour eux de se lancer dans une telle dérive. Je suis mis au courant par l'un d'entre eux qui vient me rendre visite au parloir.

Mais on peut se demander si cette opération n'est pas destinée à masquer une autre réalité. À savoir qu'un petit groupe, au sein de cette structure parallèle à la direction du Front, s'est déjà fixé un objectif totalement différent : abattre le préfet Érignac.

Les prémices de cette opération sont d'ailleurs lancées dès la fin des vacances d'été. Dans la nuit du 4 au 5 septembre 1997, un attentat est perpétré contre les bâtiments de l'École nationale d'administration à Strasbourg. Puis, dans la nuit du 5 au 6, c'est la gendarmerie de Pietrosella qui est rasée. Enfin, dans la nuit du 10 au 11 novembre, trois charges explosives sont déposées à Vichy, dans l'Allier. Un seul engin, confectionné à base de dynamite, explose, endommageant le hall des Sources. Celui visant le Palais des Congrès est désamorcé à temps. Le dernier fait long feu et sera découvert le lendemain matin, dans le hall de l'ancien hôtel *Majestic* transformé en résidence.

Ces actions passent presque inaperçues dans l'opinion. Personne ne soupçonne qu'elles sont en réalité destinées à préparer le terrain à une autre action, de plus grande envergure. Dans cette période de trêve, décrétée en juin 1997, il s'agit pour les organisateurs de motiver l'équipe qui sera chargée d'exécuter le préfet. Les futurs assassins de Claude Érignac peuvent ainsi avoir l'illusion qu'ils sont soutenus par une organisation suffisamment puissante et déterminée. Les attentats de Vichy et Strasbourg n'ont pas d'autre rôle. Ils n'ont sur le plan de l'action militaire clandestine qu'une portée symbolique, à destination des militants engagés dans cette nouvelle lutte. Il faut leur montrer que dans ce groupe hétéroclite, tout le monde fait quelque chose.

Que d'autres militants s'engagent dans la voie de la lutte et sont prêts à porter le fer contre l'État au-delà de la Corse. Il faut également entretenir la motivation de ceux qui, quelques semaines plus tard, devront aller au charbon sur une affaire beaucoup plus méchante. C'est en quelque sorte une préparation psychologique.

L'attaque de la gendarmerie de Pietrosella est un peu particulière. Elle est en effet spécifiquement destinée à s'emparer du matériel nécessaire à un assassinat. Il ne peut en aucun cas s'agir d'une action destinée à marquer l'opinion corse. Dans l'île, personne ne peut être dupe, car tout le monde ou presque connaît la cible : un modeste bâtiment en parpaings, entouré d'un simple grillage, n'abritant que quelques militaires et surtout fermé la nuit. Seule, la patrouille nocturne y passe. On est bien loin des attaques contre la base de Solenzara gardée par des commandos de l'armée de l'air ou de l'attentat contre le camp du 2e régiment étranger de parachutistes de la Légion, à Calvi, protégé par des sentinelles en armes, actions que le FLNC a réalisées et revendiquées dans le passé.

Il est vrai que la prise d'assaut d'une gendarmerie est un projet qui a longtemps été discuté au sein du FLNC. Il s'agissait de s'en prendre à une caserne relativement importante, d'en neutraliser le personnel militaire, d'évacuer les familles et de faire sauter ensuite les bâtiments. L'idée, qui devait avoir un très gros impact médiatique, n'a toutefois jamais été mise en pratique. Une seule opération a été envisagée et préparée, contre une gendarmerie située au-dessous du village de Sainte-Lucie-de-Tallano, avant d'être abandonnée.

Avec l'attaque de Pietrosella, on se rend bien compte qu'il s'agit de tout autre chose. Lorsque l'on me parle de cette affaire au parloir de la prison, je suis immédiatement convaincu que l'on est en présence du prélude à une autre opération, plus sérieuse. Que les auteurs du coup de main contre les deux gendarmes en voulaient d'abord à leur matériel, effets vestimentaires et armes. Et que tout cela doit servir à tuer quelqu'un. Évidemment, à l'époque, je suis bien loin d'imaginer que l'on va s'en prendre au préfet. Je penche plutôt pour l'assassinat d'un militant nationaliste.

Quelques jours auparavant, dans une foire à Cauro, un village proche de Pietrosella, un nationaliste, dont le nom reviendra ensuite dans le cadre de l'assassinat du préfet, tient des propos belliqueux. « Nous, nous allons aller plus loin que ce qui a été fait jusqu'à présent. » L'homme a quitté la Corse quelques jours après la mort du préfet pour aller travailler sur des installations pétrolières en Angola. Mais son discours, très dur, prononcé devant de nombreuses personnes, a bien été compris, à la lumière de l'attaque de Pietrosella, comme un avertissement.

Dans la nuit du 5 au 6 septembre 1997, le commando, composé de six hommes circulant à bord d'une Peugeot partner de location, se rend à la gendarmerie de Pietrosella, un village situé sur la rive sud du golfe d'Ajaccio. Cinq hommes descendent, le sixième repart avec la Peugeot de location sur la route de Pila-Canale avec pour mission de récupérer le groupe lorsque l'opération sera terminée. Les assaillants ont prévu d'utiliser le fourgon de la gendarmerie pour rejoindre cette voiture relais. Le commando découpe le grillage et pénètre dans l'enceinte de la gendarmerie. Il attendra environ une heure derrière un massif de lauriers-roses le retour de la patrouille pour la neutraliser et s'emparer des clés du bâtiment qui est resté vide. Afin de participer à cette interception, le groupe va se scinder en deux et communiquer par talkie-walkie avec comme indicatifs respectifs « King » et « Jacob ». À leur arrivée, les gendarmes qui sont au nombre de deux sont mis en joue, il leur est ordonné de se mettre à terre, ils sont menottés et on leur applique du Scotch sur la bouche pour éviter qu'ils ne donnent l'alerte. Ce travail effectué, un seul homme, après s'être emparé des clés du bâtiment, pénètre à l'intérieur et y dépose une charge d'explosif — vraisemblablement de l'explosif de carrière — composée de cinq bâtons de dynamite de trois kilos chacun, reliés entre eux par du Scotch avec comme système de mise à feu un dispositif électrique relié à un minuteur de 60 minutes réglé pour provoquer l'explosion à 15 minutes. Il ressort rapidement du bâtiment en prenant soin de récupérer son sac, il monte à l'arrière de l'estafette de la gendarmerie où ses quatre complices ont déjà pris place après y avoir installé les deux gendarmes qui seront abandonnés dans le maquis toujours menottés. Après avoir tenté de mettre le feu à l'estafette, le commando est récupéré par la Peugeot partner et se replie dans les locaux d'une société de transport qui se trouve dans la zone industrielle de Baleone, au nord d'Ajaccio, en ayant préalablement soustrait aux deux militaires leurs képis — dont un à l'intérieur duquel se trouve une photo qui servira plus tard d'authentification à la revendication de l'attentat —, deux gilets pare-balles, ainsi que les armes de poing réglementaires dans la gendarmerie française : deux Beretta Mas-G1 de calibre 9 mm. Celles-ci seront cachées dans la région de Cargèse par le groupe à l'indicatif « Jacob » dans un bidon étanche. En attendant un certain 6 février 1998...

Mais revenons à l'automne 1997. Malgré les attentats, le travail de nos deux émissaires est sur le point d'aboutir. Un rendez-vous est pris à Paris avec un proche du Premier ministre Lionel Jospin. Ce doit être un moment décisif pour le processus engagé dans le secret. Deux jours avant de faire le voyage vers la capitale, nos deux représentants se rendent donc à Bastia pour obtenir l'aval des Bastiais. L'un des deux militants, qui est proche de moi depuis toujours, souhaite faire part aux responsables bastiais de son intention de rajouter la question de ma libération dans les discussions engagées. Et là, tout capote. Bastia s'oppose brutalement à la poursuite des négociations. Le contact avec le gouvernement est rompu sur ordre du groupe bastiais en octobre 1997. Il est impératif pour ceux qui ourdissent dans l'ombre contre le préfet que ces négociations, auxquelles ils ne sont pas associés, échouent. Le contraire signifierait pour eux leur mise à l'écart, comme celle qui a, *de facto*, été signifiée au représentant bastiais. On va donc reprendre les mêmes ficelles.

Après la conférence de presse de Tralonca, certains militants jusqu'au-boutistes avaient dénoncé une « mascarade » et une prétendue collusion entre les chefs du FLNC Canal historique et l'État. Cette fois, on explique que certains nationalistes sont prêts à se dévoyer en négociant avec l'État colonial. Au passage, on renforce la conviction des uns et des autres, en désignant le préfet comme la cheville ouvrière du processus. L'homme à abattre, donc. Il est vrai que nos deux émissaires ont effectivement rencontré Claude Érignac dans le cadre de leur mission.

Si tout contact est rompu avec le gouvernement, sur le terrain, la préparation se poursuit. Le 10 octobre 1997 et le 21 janvier 1998, un mystérieux groupe clandestin se signale par deux fois, en expédiant des communiqués signés « Sampieru » au journal *Libération*. Le premier texte revendique les attentats de Pietrosella, Vichy et Strasbourg. Mais en fait, ce texte est bourré de références transparentes visant à désigner Marcel Lorenzoni, militant de la Cuncolta, comme le chef de ce nouveau groupe. À commencer par le pseudonyme choisi de Sampieru, personnage illustre de l'histoire corse, certes, mais surtout né à Bastelica, le village de Marcel Lorenzoni. Il y est ensuite question de l'« idéal parachutiste », un corps auquel Marcel a appartenu, puis de la filière porcine, dont il fut l'ardent propagandiste sans jamais arriver à ses fins. Marcel Lorenzoni est mort depuis dans des conditions atroces, au cours d'une rixe familiale, poignardé par son fils au début de l'été 2000.

Bref, avec ce communiqué, tout est fait pour désigner Marcel Lorenzoni. Mais son auteur (ou ses auteurs ?), qui appartient au groupe dans lequel se trame l'assassinat du préfet, tente sans doute de cette façon de faire capoter l'opération. Il a peur, il veut faire machine arrière et ne sait pas comment. Alors, il invente Sampieru qu'il désigne comme l'auteur des attentats préparatoires à une autre action à venir. Sans doute espère-t-il alors que le groupe, face à ces fuites, se sentira menacé et renoncera à ses projets. Au passage, on en profite pour cibler Marcel Lorenzoni, pour deux raisons. D'abord, cela crédibilise le message, car le personnage tient depuis longtemps des propos très critiques et très durs envers le mouvement et, en plus, il est en train d'entrer en dissidence. Dans le milieu nationaliste, à l'époque, tout le monde se demande ce qu'il prépare, d'autant qu'il a la réputation d'être capable de faire tout et n'importe quoi. Sa désignation implicite permet aussi d'éloigner les soupçons des vrais chefs du groupe.

Cette tentative reste vaine. Le communiqué n'est pas publié par *Libération*, qui se borne à le transmettre aux autorités compétentes.

Vient alors le second texte, celui de janvier, qui annonce de manière surprenante l'auto-dissolution du groupe Sampieru. Mais le plus important, c'est la raison : l'auteur dénonce à l'avance des actions qui pourraient viser un certain nombre de personnages, dont « le représentant le plus éminent de l'État colonial », en clair, le préfet. Cette fois, on ne peut pas douter du fait que le rédacteur du communiqué est intégré au groupe dont fait partie le futur commando Érignac.

Justement, Marcel Lorenzoni va me parler de Sampieru. Un beau jour de 1999, je suis attablé à la terrasse d'un café, sur le cours Napoléon, à Ajaccio, pratiquement en face du nouveau local de la Cuncolta. Marcel passe en voiture avec l'un de ses amis, m'aperçoit et me fait signe. Je lui réponds, et deux minutes après, je le vois remonter le cours dans ma direction. Il vient à ma table, me dit bonjour, me demande comment je vais, et me propose de payer sa tournée. Alors, je lui explique qu'avant de trinquer ensemble, il faut qu'il me dise s'il croit que Sampieru, c'est moi. Car les

Bastiais du bloc Cuncolta-FLNC Canal historique, mes anciens amis et alliés, développent et propagent la thèse suivante : moi, François Santoni, je serais le créateur du groupe Sampieru, avec l'aide de la direction centrale des Renseignements généraux. Ensemble, nous aurions préparé l'assassinat du préfet, opération que nous aurions ensuite fait réaliser par le grand banditisme du sud de l'île. Et pour obtenir l'aide des voyous, nous aurions fait valoir l'opposition du préfet Érignac à une opération de spéculation immobilière autour de l'ancienne caserne Montlaur de Bonifaccio. Ce discours, relativement bien charpenté et bien habillé, est propagé par des gens qui me sont très proches. Beaucoup de militants du Sud sont donc convoqués pour s'entendre dire que Sampieru, c'est moi.

Alors, Marcel me parle. Et il me dit : « Ce coup, on peut le boire, parce que Sampieru, ce n'est pas toi. Je sais d'où cela vient. Sampieru, c'est Corsica Nazione et la Cuncolta, pour me faire payer ma dissidence. »

Cela veut donc dire qu'au sein de Corsica Nazione, la coalition nationaliste qui sera ensuite le principal interlocuteur du gouvernement dans le cadre du processus de Matignon, se cachent un ou plusieurs membres du groupe qui a préparé l'assassinat du préfet Érignac.

II

LA MORT DU PRÉFET ÉRIGNAC

Le vendredi 6 février 1998, à 21 h 03, Claude Érignac, préfet de Corse, est abattu de trois balles tirées à bout portant, alors qu'il est seul et à pied, dans une petite rue d'Ajaccio. Sur place, près du corps inerte, les enquêteurs retrouvent l'arme du crime : l'un des deux pistolets Beretta volés lors de l'attaque de la gendarmerie de Pietrosella, quelques mois auparavant. Quatre jours plus tard, un long texte de revendication est reçu par plusieurs destinataires, tous anciens militants nationalistes. Ce communiqué ne comporte aucun sigle ni signature d'un quelconque groupe clandestin déjà répertorié.

Seize mois plus tard, le vendredi 21 mai 1999, quatre des sept membres présumés du commando organisateur de l'assassinat du préfet sont interpellés en Corse, transférés à Paris et reconnaissent leur participation. Une autre opération, menée le 23 mai au matin, permet d'appréhender deux autres participants présumés. Seul manque finalement à l'appel le tireur présumé, Yvan Colonna, qui a pris la fuite avant l'arrivée des policiers. Mais le récit détaillé que les suspects livrent lors de leur garde à vue permet aux enquêteurs de reconstituer l'action du 6 février 1998.

Ce soir-là, ils ne sont que cinq sur le terrain. L'un des membres du groupe, qui a participé à toute la préparation, s'est fait porter pâle. Un autre est resté en poste dans le hangar d'une société de location de voitures, près de l'aéroport, où il doit attendre le retour du groupe actif. Les rôles sont parfaitement répartis. Il y a d'abord le guetteur, installé à une terrasse de café, juste en face de la sortie de la préfecture d'Ajaccio. C'est lui qui signale, à l'aide de son téléphone portable, le départ du préfet et de son épouse. Ni chauffeur, ni garde du corps en vue. Claude Érignac conduit lui-même sa Safrane de fonction. Une fois sa mission terminée, l'homme peut s'en aller tranquillement.

Quelques rues plus loin, le chef du commando a bien reçu l'appel. La cible est en route. L'homme fait un signe à deux ombres : le tueur et son accompagnateur, chargé de le protéger en cas de pépin, se mettent en marche. Trois coups de feu plus tard, le préfet gît sur le trottoir, tandis que le chef et ses deux complices filent par les petites rues jusqu'au point de ramassage prévu : là, un autre comparse les attend au volant d'une voiture et les « arrache »... Fin de l'opération.

Dans les jours qui suivent, c'est à un autre groupe, celui dit « du Nord », implanté sur Bastia et ses environs, de prendre le relais. C'est ce groupe qui a organisé et réalisé les attentats sur le continent, à Strasbourg et à Vichy. L'un de ses membres a d'ailleurs des liens étroits et anciens, au travers de l'action nationaliste, avec les responsables du bloc Cuncolta-FLNC Canal historique de Bastia. Après la mort du préfet, c'est le groupe du Nord qui se charge de rédiger et d'expédier le communiqué de revendication de l'assassinat. Trois hommes, membres présumés de ce groupe, sont également arrêtés lors de l'opération de police du 21 mai 1999. Pour les enquêteurs, le dossier est bouclé. Certes, le tueur présumé est passé au travers des mailles du filet. Mais le gouvernement peut enfin affirmer à l'opinion que l'affaire est résolue. La mise sous les verrous des exécutants suffira.

Cette « réussite » policière n'était pas évidente, lorsque l'on reprend le fil d'une enquête pour le moins chaotique et tortueuse.

Deux commissions d'enquête parlementaire se sont d'ailleurs intéressées à son déroulement. La première, à l'initiative de l'Assemblée nationale, porte sur « le fonctionnement des forces de sécurité en Corse ». La seconde, menée par le Sénat, s'intéresse à « la politique de sécurité menée par l'État en Corse ». Leurs rapports, publiés à la mi-novembre 1999, sont sans équivoque. Entre les « errements de l'enquête » pointés par les députés et ses « dysfonctionnements majeurs » dénoncés par les sénateurs, l'arrestation *in fine* des présumés coupables apparaît comme une sorte de quasi-miracle.

Car les choses ont très mal commencé du côté des investigations. Dès les premières heures de l'enquête, les policiers se fourvoient sur une fausse piste. Sur la foi du témoignage d'un lycéen, deux jeunes Maghrébins sont placés en garde à vue dès le soir du crime. En dépit des premiers éléments d'enquête qui les mettent hors de cause, comme l'absence de toute trace de poudre sur leurs mains ou leurs vêtements et la solidité de leurs alibis, les jeunes gens sont retenus durant trois jours, avec une étonnante obstination, et contre l'avis même des enquêteurs, dans les locaux du service régional de police judiciaire d'Ajaccio.

À peine sortie de cette impasse, l'enquête va s'engager sur la piste « agricole ». Les brillants penseurs de la lutte antiterroriste, sous l'égide de leur chef le commissaire Marion, estiment que, puisque ce ne sont pas les Maghrébins qui ont fait le coup, ce sont donc... les agriculteurs. Le mobile ? Le préfet aurait eu l'intention de mettre un terme au système des moratoires sur les dettes agricoles, mis en place depuis plus de vingt-cinq ans par les gouvernements successifs. Ce dispositif, garant de la paix sociale dans le milieu agricole, permettait d'accorder des prêts aux agriculteurs en difficulté, via le Crédit agricole, tout en prononçant à intervalles réguliers l'effacement des dettes. L'agitation dans les milieux agricoles, à l'automne 1997, pour s'opposer à cette volonté du préfet est pour la DNAT un prétexte bien suffisant. Sans aucun élément de preuve, les limiers de la DNAT se mettent à arrêter à tour de bras. Le premier de la liste, Marcel Lorenzoni, est arrêté le 9 février, trois jours après la mort du préfet. Leader du syndicalisme agricole, militant nationaliste, mis en cause de façon à peine voilée dans les deux communiqués du mystérieux groupe Sampieru d'octobre 1997 et de janvier 1998 : cela suffit aux enquêteurs pour établir sa possible culpabilité. Mais Lorenzoni n'est que le premier d'une longue liste.

Le rapport du Sénat note qu'au total, « plus de 616 personnes ont été entendues, ayant plus ou moins un lien avec le milieu agricole, notamment dans la région de Ghisonaccia et celle du Fiumorbu dans la plaine orientale : 347 ont été gardées à vue et 42 écrouées ». Pendant de longs mois, les enquêteurs s'obstinent, au point que les sénateurs, dans leur rapport, estiment que « la piste agricole a été trop longtemps privilégiée ». Pour preuve, dans son rapport d'étape, établi le 3 décembre 1998, le commissaire Marion ne fait état que de suspects liés à cette piste agricole.

C'est finalement à partir d'éléments recueillis séparément par le préfet Bonnet et les Renseignements généraux que l'arrestation des protagonistes de cette affaire sera possible. Mais jusqu'au bout, et malgré les évidences, la DNAT tentera de valider sa piste agricole. L'un des leaders de la contestation agricole, Mathieu Filidori, en a fait les frais. Il est une première fois interpellé, le 22 juin 1998, par les policiers de la DNAT convaincus de sa culpabilité. Agriculteur, endetté auprès du Crédit agricole, ancien militant nationaliste, il a le profil idéal du coupable. Reste à lui en faire endosser le costume, ce que les hommes de

Marion vont tenter en s'usant les yeux sur les écrits de Filidori, dont certains remontent à la fin des années 80. La détection de « similitudes sémantiques » entre ces vieux textes et les revendications de l'assassinat fait l'affaire. Filidori est incarcéré. Il sera libéré le 10 novembre suivant par une décision de la chambre d'accusation de Paris, qui estime que « le manque de charges ne justifiait pas sa détention prolongée ». Mais c'est sans compter sur le flair de la DNAT, qui, sûre de son coup, interpelle de nouveau Filidori le 19 mai 1999, deux jours avant les arrestations des principaux suspects. Filidori sera d'ailleurs remis en liberté, à nouveau, par décision de la chambre d'accusation de Paris trois semaines plus tard. Mais quelle obstination, quel entêtement, à l'égard d'un seul homme dont la suite démontre qu'il n'est pour rien dans le crime contre le préfet !

Ces errements de l'une des enquêtes qui auront sans doute mobilisé le plus de moyens dans l'histoire de la police judiciaire sont d'autant plus étonnants que dans les heures qui suivent l'assassinat du préfet, une note d'analyse dressée par les Renseignements généraux d'Ajaccio pointe « un groupe de dissidents du mouvement nationaliste ». Quelques jours après le crime, le rapport de synthèse transmis par le SRPJ d'Ajaccio précise également que « l'assassinat du préfet Claude Érignac était le fait d'un groupe d'activistes clandestins dissidents de l'ex-FLNC Canal historique ». Mais dans le contexte ambiant de guerre des polices, ces voix ne seront ni écoutées, ni entendues.

Car la vraie révélation de cette enquête, c'est bien l'incroyable état de délabrement de l'appareil d'État, tel qu'il apparaît à la lumière des événements liés à l'assassinat du préfet. C'est sans doute ce que veulent dire, en termes plus diplomatiques, les sénateurs, lorsqu'ils indiquent dans leur rapport que « l'enquête sur l'assassinat du préfet Érignac illustre jusqu'à la caricature les dysfonctionnements et la concurrence entre les services chargés de la sécurité en Corse ».

Pendant des mois, une véritable « guerre » va opposer tous les services mêlés à l'enquête. Gendarmes, policiers, Renseignements généraux, magistrats, préfet vont se livrer à une véritable foire d'empoigne dans laquelle tous les coups sont permis. C'est d'abord le patron du SRPJ d'Ajaccio, le commissaire Dragacci, qui en fait les frais. Opposé aux méthodes expéditives de la DNAT, et en désaccord avec la fameuse piste agricole, il est éjecté de son poste le 27 avril 1998. Mais il n'est pas pour autant tiré d'affaire, puisque la DNAT tente ensuite de lui mettre sur le dos une histoire de « fuite » d'un document administratif. En gros, ses propres collègues l'accusent d'avoir fait circuler à l'extérieur la note d'un ancien préfet de police, Gérard Bougrier, à destination du ministre de l'Intérieur et portant un certain nombre de noms de personnes pouvant faire l'objet d'investigations. Cette note comportant quelques noms liés au milieu agricole, certains tenteront même de faire croire qu'elle est liée à la mort du préfet, façon de charger un peu plus la barque de Dragacci... Le commissaire, sérieusement suspecté, sera même interrogé par l'Inspection générale des services, la police des polices, frôlant au passage une mise en examen par le juge Bruguière pour « association de malfaiteurs en relation avec une entreprise terroriste ». Pour faire bonne mesure, Roger Marion, lors de son audition devant les députés, accusera Dragacci d'avoir prévenu le père d'Yvan Colonna que son fils Yvan était sous surveillance.

Mais ce n'est pas tout. L'ombrageux Roger Marion s'en prend aussi aux Renseignements généraux. Devant les sénateurs, il les accuse d'avoir averti Yvan Colonna de la surveillance dont il était l'objet. C'est encore lui qui va remettre au juge Gilbert Thiel, l'un des magistrats antiterroristes en charge de l'enquête sur l'assassinat du préfet — avec Laurence Le Vert et Jean-Louis Bruguière —, une note des gendarmes, destinée *a priori* à rester dans les circuits internes de la gendarmerie, et qui contient des remarques déplaisantes sur le juge.

Déjà que les relations entre Thiel et les gendarmes ne sont pas au beau fixe, le magistrat, qui est aussi chargé du dossier sur l'attaque de la gendarmerie de Pietrosella, trouve que le travail d'investigation qu'il a confié à la section de recherche de la gendarmerie n'avance guère. Au point que le lendemain du crime contre le préfet, le juge ne dispose toujours pas, malgré sa demande, de la liste exacte et exhaustive des objets dérobés lors de l'attaque cinq mois auparavant. Colère du juge, qui suspend un temps la mission générale des gendarmes sur cette affaire. En octobre 1998, il organise une réunion avec les gendarmes et le SRPJ, cosaisi. Il en profite pour leur passer un savon, accusant ces deux entités de transmettre en douce à la DNAT les procès-verbaux sur Pietrosella, affaire dont elle n'est pas saisie. Puis il demande aux gendarmes de lui préparer un projet portant sur l'interpellation de six personnes. Fin novembre, les gendarmes lui répondent positivement. Mais dans la liste communiquée au magistrat parisien figurent non plus six, mais huit noms. Les deux ajouts, faits à l'insu du juge, sont en fait des noms qui apparaissent dans l'affaire Érignac, mais jamais dans le dossier Pietrosella. Cette fois, c'en est trop. Le soupçon d'une enquête parallèle menée par les gendarmes sur l'assassinat du préfet, affaire sur laquelle ils ne sont pas saisis, prend corps.

Ce soupçon a considérablement pourri les relations entre policiers et gendarmes durant des semaines. Les uns et les autres se livrent à une vraie concurrence : écoutes téléphoniques et filatures se croisent et se multiplient sur les mêmes suspects. La gendarmerie, qui n'est pas chargée de l'enquête sur le meurtre du préfet, utilise en fait l'enquête sur l'attentat de Pietrosella, dont elle a un temps la co-saisine avec le SRPJ d'Ajaccio, pour s'essayer à l'arrestation des assassins. Le raisonnement des pandores, résumé par le juge Thiel devant la commission d'enquête de l'Assemblée, est simple : « Si on sort Pietrosella, on sortira Érignac et la gloire en sera pour l'Arme. » Le juge met fin à cette situation scabreuse en décidant de dessaisir la gendarmerie au profit de la DNAT.

Mais Gilbert Thiel n'en est pas quitte pour autant avec les ennuis. Fin décembre 1998, la presse publie la teneur du fameux rapport d'étape du commissaire Marion, un document de 92 pages principalement consacré à la piste agricole. Le parquet de Paris ouvre aussitôt une information judiciaire, pour violation du secret de l'instruction. Ce qui vaut à Gilbert Thiel de se retrouver devant le juge Valat, en position d'accusé, sur la foi d'insinuations de certains de ses collègues. Dans la logique des constructions hasardeuses façon DNAT, ceux-ci ont fait valoir au juge Valat que c'est *L'Est républicain*, à Nancy, qui a publié ces fuites. Que Thiel y a exercé comme juge d'instruction et que sa famille y réside toujours. Que Thiel connaît le journaliste auteur de l'article à propos du rapport Marion. Et que donc, ce ne pouvait être que lui l'auteur de la fuite. CQFD. Après Dragacci qui échappe de peu à la mise en examen, les RG accusés d'être des balances, c'est Thiel qui frôle la correctionnelle.

Enfin, il y a le nouveau préfet de Corse, Bernard Bonnet. Le successeur de Claude Érignac suit de très près l'avancement de l'enquête. De trop près, diront certains. Toujours est-il qu'il obtient des informations auprès d'une « source humaine », qu'il désigne sous le pseudonyme de « monsieur Corte ». À deux reprises, le 16 novembre 1998 et le 10 décembre 1998, il rédige des notes comportant les noms de personnes qui ont participé à l'assassinat de Claude Érignac « de façon quasi certaine ». Ces notes, remises au procureur de la République qui les transmettra lui-même au juge Bruguière, ne seront exploitées que plusieurs semaines plus tard.

III

ET SI...

Les événements qui précèdent et qui suivent la mort de Claude Érignac, pris séparément, ne sont qu'une succession de faits. Mais ils peuvent aussi se lire — je dirais même qu'ils doivent surtout se lire — comme autant de pièces d'un seul et même puzzle. L'exercice n'est pas simple. Les hypothèses sont parfois minces. Je crois pourtant que ce travail est à la fois nécessaire et essentiel. Depuis le drame d'Ajaccio, l'opinion est abreuvée d'informations vraies et fausses, complaisamment distillées par des services de police qui se font la guerre. Arrestation de pauvres Maghrébins désignés comme les coupables quelques heures à peine après le crime. « Piste agricole », présentée pendant près d'une année comme celle qui devait mener aux criminels. Centaines d'interpellations opérées souvent sous l'œil de caméras invitées à se repaître du spectacle d'une Corse criminalisée. Et pour finir, mise sous les verrous d'un commando présenté comme une bande d'illuminés nationalistes, agissant seuls au nom de leur aveuglement idéologique.

Comment espérer entrevoir le début de la vérité, sous ce fatras ? Comment comprendre les enjeux d'un crime qui n'a pas d'équivalent dans l'histoire de la République ? Comment expliquer les errements d'une enquête pourtant décrétée « grande cause nationale » par le ministre de l'Intérieur de l'époque, Jean-Pierre Chevènement ? Comment analyser les déclarations et les prises de position des groupes nationalistes et des élus de Corse ?

Tenter de remettre en place les pièces du puzzle, du moins celles qui sont connues, c'est commencer à répondre à ces questions. C'est aussi entrevoir, autour de l'assassinat de Claude Érignac, quelque chose de plus effrayant qu'un simple commando d'extrémistes nationalistes. Car pour moi, l'assassinat du préfet Érignac s'inscrit dans une opération de grande envergure, un plan sur plusieurs années, dont le but est de s'emparer de la Corse. Les promoteurs de ce crime évoluent dans le monde des affaires et du pétrole, à Paris, en Corse, en Afrique et ailleurs. Ces gens brassent d'énormes quantités d'argent, des milliards pas toujours très propres et qu'il faut faire circuler dans des circuits parallèles, qu'il faut « blanchir » avant de les réinjecter dans l'économie légale. Pour eux, la Corse présente trois gros avantages. C'est un terrain vierge, sans infrastructures et donc le site idéal pour implanter un nouveau système de blanchiment d'argent. L'île est à moins d'une heure de vol de Nice ou de Marseille, à trois heures de bateau de l'Italie. Et surtout, c'est pour les piliers de ce réseau affairiste, tous d'origine corse, une façon de réinvestir « au pays ».

Pour y parvenir, il leur faut impérativement obtenir un changement de statut de l'île et prendre le contrôle de l'appareil politique, c'est-à-dire de l'Assemblée de Corse. La première tentative est menée en 1994, lorsque Charles Pasqua négocie par mon intermédiaire avec le FLNC Canal historique, pour l'obtention d'un statut de territoire d'outre-mer. En fait, à ce moment-là, il est clair que certains veulent utiliser le mouvement et la revendication nationaliste pour mettre sur pied un projet économique dans lequel nous n'avons rien à voir. Nous le savons, mais nous avons toujours pensé que si la négociation était parvenue à son terme, nous aurions été capables de régler ce problème par la suite. Car je pense que les représentants des gros intérêts, cachés derrière ces manipulations, avaient l'intention, une fois le statut adopté, de liquider les nationalistes. Soit en les achetant pour les faire entrer dans leurs structures — ils auraient toujours eu besoin de vigiles et de petites mains pour de sales besognes. Soit en les éliminant physiquement.

L'opération tombe à l'eau après la conférence de presse du Canal historique à Tralonca. Le gouvernement Juppé se cabre, il n'est plus question de négocier avec les nationalistes. Puis Lionel Jospin arrive au pouvoir. Les affairistes doivent imaginer un autre plan. Relancer une nouvelle négociation risque de prendre du temps, et de se terminer de nouveau en impasse. Il faut cette fois frapper un grand coup, créer un choc majeur.

Plusieurs options sont envisagées. Tuer un élu ? Tuer un responsable nationaliste ? L'idée est avancée, quelques noms sont même évoqués : José Rossi, le président de l'Assemblée de Corse, René Modat, président de la Chambre d'agriculture de Corse-du-Sud, Jean-Michel Emmanuelli, militant nationaliste. Mais le projet est abandonné. Dans le contexte de la Corse, ce sera un mort de plus, sans l'effet escompté au niveau national. Reste le préfet.

Toucher au préfet, c'est véritablement s'en

prendre à l'ossature de l'État. C'est aussi contraindre l'État à réagir de façon très forte, face à une opinion publique lassée depuis des années par les turbulences de l'île. Une opinion prête, comme le montrent tous les sondages d'alors, à lâcher la Corse. Il suffit de lui donner le coup de pouce décisif...

Pour cela, les contacts corses du réseau parisien se rapprochent du groupe bastiais du FLNC Canal historique. Ceux qui naguère discutaient avec moi, mandatés par la place Beauvau, font passer la consigne à mon entourage : la donne a changé, « il faut laisser tomber François ». Désormais, ce sont des gens gravitant dans une sorte de structure parallèle, autour du pôle bastiais Cuncolta-FLNC Canal historique, qui sont les interlocuteurs du moment.

Un travail de persuasion est entrepris, afin de créer les conditions du passage à l'acte.

C'est curieusement à cette époque qu'une rumeur prend corps et circule dans les milieux nationalistes corses : il y aurait un important gisement de pétrole sous la mer, dans les eaux territoriales au large de Biguglia, sur la côte orientale. Ce n'est pas la première fois que l'on parle de cet or noir en Corse. Elf et Total s'y étaient intéressés en 1977, après des études sismiques qui avaient décelé l'existence d'un réservoir potentiel à 3,5 km de la côte. La poche devait se trouver entre 860 et 1 160 mètres de profondeur par rapport aux fonds, situés à 51 mètres sous la surface. Mais les études ont été abandonnées et le forage d'exploration n'a jamais été entrepris.

Fin 1997, le dossier refait surface avec de bien curieux échos. On entend ici et là des affirmations péremptoires. « Il y a du pétrole en Corse. » « Demain, la Corse sera le Koweït. » « On est assis sur une fortune qui dort. » Toutes ces rumeurs arrivent aux oreilles de l'hebdomadaire *Le Journal de la Corse*, qui publie, le 23 janvier 1998, un long article sur le sujet. Titré en une « Le gisement de Biguglia toujours intact », l'article donne encore plus de corps aux bruits qui courent.

Un simple bruit ? Non. Car après une petite enquête, je découvre avec surprise que le dossier « Biguglia », qui dormait depuis des années dans les tiroirs d'Elf, a été réouvert à l'automne 1997. Total s'est depuis longtemps retiré de la course, et d'ailleurs les permis de recherche qui avaient été accordés aux deux compagnies sont périmés. Mais Elf relance une étude menée dans ses bureaux parisiens de La Défense, à partir des données sismiques de 1977. En vingt ans, les ordinateurs et les programmes de calcul ont fait d'énormes progrès. Les données anciennes vont donc être injectées dans de nouveaux logiciels, capables de déceler ce que les anciennes méthodes ne pouvaient voir.

Du pétrole en Corse ! Une manne fabuleuse, capable de réveiller tous les fantasmes, dont celui de l'indépendance. Car le problème est simple : si le gisement est découvert par la France, adieu les dollars. En revanche, si la Corse acquiert son indépendance à marche forcée — et alors, il faut faire vite — les royalties tomberont dans la caisse corse. Il y a là de quoi pousser des gens, idéologiquement prêts à passer à l'action, à franchir le pas.

Le noyau dur bastiais sait sur quel sous-groupe manipulable s'appuyer. Il suffit de les convaincre que l'heure est venue pour la Corse d'accéder à l'indépendance, que les dirigeants nationalistes précédents ont trahi en cherchant à négocier avec Paris ; que l'île a les moyens de son indépendance et qu'il faut faire vite. Les Bastiais suivent de près les contacts renoués avec le gouvernement Jospin et s'en inquiètent. Ils savent que si les négociations reprennent, ils en seront écartés, qu'ils seront marginalisés. Il leur faut reprendre l'initiative. Tandis que certains recherchent à nouveau une sortie par le haut pour le mouvement nationaliste, au travers de discussions politiques, eux et leurs conseillers parisiens du ministère de l'Intérieur préfèrent jouer la carte de la sortie par le bas, du chaos entretenu. Et comme ils soupçonnent le préfet Érignac de servir de relais entre la Corse et Paris, son sort est scellé.

Avant la fin de l'année 1997, le préfet Érignac est condamné à mort. On peut d'ailleurs s'étonner que cette information ne transpire pas, lorsque l'on sait qu'entre le noyau bastiais et le sous-groupe chargé de l'exécution, vingt à trente personnes au moins sont au courant. Et que dans les contacts réguliers des Bastiais figurent donc des membres du ministère de l'Intérieur.

Toujours est-il que les premières opérations de préparation sont déclenchées. Attaque de la gendarmerie de Pietrosella pour récupérer les armes, attentats à Vichy et Strasbourg pour entretenir l'illusion d'une reprise de la lutte clandestine. L'agitation qui s'étend durant l'automne 1997 dans le milieu agricole de la plaine orientale n'est peut-être pas télécommandée. C'est presque une tradition, dans ce milieu travaillé depuis vingt ans par de vieux militants nationalistes, que d'entrer en ébullition régulièrement. Notamment lorsqu'il est question de toucher au régime des aides agricoles ou des prêts bancaires. Mais cette contestation tombe à point pour les commanditaires. Elle contribue à donner aux éléments un petit air insurrectionnel, d'autant que le préfet est la cible d'attaques violentes de la part des agriculteurs.

Le 6 février 1998, le préfet Claude Érignac est assassiné. Le dossier « Biguglia » est définitivement refermé chez Elf.

Dans les heures qui suivent, les dirigeants bastiais dénoncent dans cet acte « une dérive brigadiste ». Puis les mêmes se répandent auprès de mes amis pour expliquer que je suis derrière ce crime, avec mes « amis » des Renseignements généraux et du grand banditisme. Enfin, par deux fois, en avril 1998, deux éminents représentants de Bastia, dont un avocat, se rendent chez le directeur central adjoint des Renseignements généraux, pour lui proposer un bien étrange marché. Ils lui offrent de lui révéler des informations capitales concernant l'assassinat du préfet, informations, disent-ils, qu'il ne pourra jamais avoir par d'autres voies. Comment ont-ils ces informations ? C'est simple. Parce qu'ils font partie du groupe informel qui, au sein des structures clandestines, a élaboré le projet d'assassinat...

En échange, ils demandent ma libération, sans que j'aie été consulté au préalable. Pourtant, ils en ont eu l'occasion : vers la mi-février

1998, une rencontre informelle a été organisée dans le bureau d'un juge, au Palais de justice de Paris, entre l'un des deux représentants bastiais et moi. Au cours de cette entrevue totalement « hors normes judiciaires » — je suis alors en détention provisoire —, l'implication de certains Bastiais dans l'assassinat du préfet m'est bien confirmée. Mais les noms qui me sont donnés ce jour-là le sont de manière très « sélective » et, en fait, uniquement pour couvrir d'autres personnes dont on ne me parle pas. Et surtout, il n'est à aucun moment question, lors de cette discussion, de l'éventualité d'une demande de mise en liberté me concernant. Cette rencontre fera d'ailleurs l'objet d'une note « blanche » des services de police, une note sans en-tête ni signature, transmise à Jean-Pierre Dintilhac, procureur de la République près le tribunal de grande instance de Paris. Le magistrat est ainsi prévenu de ce qu'une personne proche de moi avait pu me rencontrer, « suite à la complaisance du juge ». Informé de ce « blanc », le juge tentera de se justifier en faisant croire que c'est volontairement qu'il m'a laissé seul avec mon visiteur dans son cabinet mais spécialement sous la surveillance auditive d'un gendarme mobile corse pour écouter la conversation.

En fait, ceux qui m'ont envoyé leur « messager » s'inquiètent. Ils savent qu'en prison, au gré des visites au parloir, je commence à apprendre quelques petites choses sur cette affaire. Sans doute craignent-ils que je ne finisse par découvrir la vérité et leur implication. Ils savent aussi que dans ce cas, ils ne pourront pas compter sur une quelconque solidarité de ma part. D'où cet empressement à me faire libérer, pour mieux me neutraliser, si possible définitivement.

Ce dont j'ai rapidement la confirmation, par le biais des services secrets italiens qui suivent de près le dossier. En effet, dans l'une des hypothèses un moment envisagées, le crime contre le préfet aurait été commandité par les nationalistes, mais réalisé en sous-traitance par des Sardes. En contrepartie, le FLNC aurait dû se charger d'exécuter un magistrat antimafia de Sardaigne, le juge Nuorfo, du tribunal de Nuoro. Ce juge avait gelé tous les biens de la famille de Matteo Boia, mafieux présumé qui se cachait en Corse et qui avait été arrêté dans la région de Porto-Vecchio avant la mort de Claude Érignac. D'où la très grande attention portée par les Italiens, qui m'apprennent qu'un guet-apens est prévu en cas de sortie anticipée de prison, et que je dois être abattu.

Il faut aussi dans cette affaire revenir sur le rôle étrange d'un autre personnage, un certain « monsieur Corte ». Corte, c'est l'informateur du préfet Bonnet. Celui qui va lui révéler, dans les mois qui suivent l'assassinat du préfet Érignac, les noms des membres du commando. Car Corte a des liens étroits avec le commando Érignac. Des liens de famille et des liens politiques, puisque depuis des années, Corte est infiltré dans le mouvement nationaliste, notamment sur la Balagne. Il fait partie de ceux qui ont orchestré certaines manipulations policières. Il est impliqué dans l'affaire de la découverte d'une cache d'armes dans le cimetière de L'Île-Rousse, opération montée de toutes pièces dans le seul but d'arrêter et d'emprisonner Jean-Michel Rossi.

Lorsque le nom de code de l'informateur de Bernard Bonnet est connu, en Corse, il ne faut pas deux heures pour que l'on sache qui se cache derrière le pseudonyme de Corte. À Ajaccio, de nombreuses personnes l'ont vu entrer et sortir de la préfecture à des heures indues. On connaît l'état financier de sa société, qui a grand besoin d'argent frais pour être recapitalisée. Ce qui va être fait. Et ce que j'apprends plus tard, c'est que Corte aurait également touché au passage et pour son propre compte une somme de 2 millions, à titre de récompense. D'après une source proche du dossier, cet argent aurait été prélevé sur l'enveloppe de 10 millions de francs en liquide, confiée par Matignon au préfet Bonnet pour payer ses informateurs. Le reliquat, c'est-à-dire les 8 millions, aurait été retrouvé par les enquêteurs lors d'une perquisition au domicile d'un des protagonistes de l'affaire des paillotes. Au passage, cela montre le rôle trouble qu'aurait joué Matignon vis-à-vis du préfet, en l'encourageant et en lui donnant les moyens de mener sa propre enquête tout en démentant formellement avoir donné la moindre consigne en ce sens.

C'est en tout cas grâce à Corte que les policiers obtiennent les noms des participants à la fameuse réunion, en août 1998, dans un appartement de la résidence « Les mandarines » à Ajaccio. Ce rendez-vous a une importance capitale dans l'enquête sur la mort du préfet Érignac, puisque c'est la seule et unique fois où les protagonistes du crime se retrouvent ensemble. Les Renseignements généraux, qui filent un Bastiais sur lequel pèsent quelques soupçons, sont bien arrivés jusqu'à la résidence, sur les talons de leur cible. Mais ils sont incapables de déterminer chez qui se tient le rendez-vous. Ni qui y est présent.

C'est l'un des participants à cette réunion

qui va ensuite la raconter à son ami et proche, Corte, lequel s'empresse de faire passer l'information.

Il est d'ailleurs curieux de noter combien « monsieur Corte » s'est donné de mal pour convaincre le préfet et ses supérieurs de l'intérêt de ses informations. Selon le témoignage de l'ancien préfet de Corse, Corte se manifeste vers la fin du mois de juin 1998. L'enquête est alors totalement orientée sur la piste agricole. Au cours de plusieurs rendez-vous secrets avec le préfet, il lui livre trois noms de membres présumés du commando. Bernard Bonnet donne cette information en octobre au colonel Mazères, commandant de la légion de gendarmerie de Corse, puis la transmet, sous forme de note écrite, en date du 16 novembre, remise au procureur de la République de Paris. Rien ne se passe. Corte voit au contraire les enquêteurs persister dans leur quête de coupables agriculteurs. Il revient donc à la charge après avoir été lui-même ramassé dans l'une des nombreuses opérations d'arrestations à l'aveuglette menées par la DNAT, le 18 novembre. Fin novembre 1998, Corte livre deux autres noms ainsi qu'une foule d'autres détails sur l'assassinat du préfet Érignac. Bernard Bonnet rédige une nouvelle note, transmise elle aussi au procureur de la

République le 11 décembre. Ainsi, durant des semaines, on a l'impression que Corte va s'efforcer de corriger la trajectoire d'une enquête qu'il sait mal orientée. Comme s'il avait à cœur de ramener la police égarée sur le droit chemin : celui qui mène tout droit vers ses propres amis. Corte joue un rôle majeur dans cette affaire. À mon sens, Corte est un agent français, infiltré dans le mouvement nationaliste depuis très longtemps. Par sa proximité avec le commando Érignac, ou du moins l'un de ses membres, il est au courant de la préparation de l'assassinat du préfet, et il en rend compte aux personnes pour qui il travaille. Sans doute sa mission prévoit-elle également de rendre possible l'arrestation du commando.

Aujourd'hui, que découvre-t-on ? Le même « monsieur Corte » participe, aux côtés de personnages douteux proches du grand banditisme, à la mise en place d'une nouvelle banque pour la Corse, en prévision d'un nouveau statut de l'île...

Les commanditaires du crime contre le préfet Érignac ont réussi leur opération. Deux ans après la mort du représentant de l'État, le gouvernement s'est engagé dans la voie d'un changement de statut pour la Corse. Certes, ils touchent au but par une série de détours inattendus. Mais c'est bien dans l'esprit des concepteurs de l'affaire, conscients qu'on ne peut pas toujours garder le contrôle de la situation. Ils ont donc, et depuis des années en Corse, mis en pratique la théorie des dominos. On détermine un objectif à atteindre : l'indépendance, ou le statut TOM. On fait tomber un domino. Et on observe quels autres dominos du jeu tombent à leur tour. Ensuite, il faut savoir utiliser les opportunités pour ramener les opérations sur la bonne voie lorsqu'elles s'en écartent. Tout est affaire de doigté et d'expérience.

De fait, la mort du préfet Érignac n'a pas poussé l'opinion à demander l'abandon de la Corse. L'État s'est lancé dans une répression antinationaliste aveugle. Il a nommé un préfet, Bernard Bonnet, qui s'en est pris à la société corse et est devenu le meilleur agent électoral des nationalistes. La coalition Corsica Nazione a fait, grâce à lui, un excellent score aux élections de 1999. Les militants ont relevé la tête, serré les rangs. Et puisque rien ne venait, on a relancé les attentats, en rasant en plein jour les bâtiments de l'Urssaf et de la DDE à Ajaccio. Paris a levé les pouces et dit « stop, on négocie ». Avec, autour de la table, parmi les négociateurs, quelques-uns de ceux qui ont sans doute été partie prenante dans la mort du préfet.

IV

MATIGNON

Le thème de la décentralisation fait aujourd'hui l'objet d'un large consensus en France. Les découpages territoriaux actuels sont hérités d'une culture politique centralisatrice qui a privilégié une fragmentation, dans le but d'éviter que des pouvoirs locaux trop puissants ne se dressent face à l'État central. Cette conception a vécu et à l'heure actuelle on constate un peu partout de graves dysfonctionnements liés à la superposition des structures locales, à l'enchevêtrement des compétences et à la dissolution des responsabilités.

La France ne compte aujourd'hui pas moins de quatre niveaux de gestion territoriale et la Corse réunit quant à elle sur un territoire exigu et pour une faible population (260 000 habitants) deux départements, une collectivité territoriale *sui generis,* trois assemblées délibérantes indépendantes les unes des autres, une multitude d'offices et quatre préfets.

Réalisant cet enjeu, Lionel Jospin, qui n'avait visiblement jusqu'alors porté que peu d'intérêt à ce thème, lançait le 12 octobre 1999, devant les présidents des conseils généraux réunis en congrès à Toulouse, une vaste réflexion collective sur la décentralisation.

Ce vaste projet lui servira, entre autres, à démontrer qu'il est le seul aujourd'hui à essayer de tenter de trouver une solution politique et non répressive au problème qui depuis près de trente ans provoque en Corse une violence endémique dont on arrive difficilement à définir les contours et les objectifs réels.

La manœuvre, réellement habile, a consisté à laisser croire à un mouvement nationaliste essoufflé, détruit dans ses structures, mais qui en même temps n'est plus aujourd'hui nié dans son existence, dans la mesure où il représente désormais une force électorale, que l'État dans sa globalité prenait en compte la plupart de ses revendications décentralisatrices, économiques, culturelles et linguistiques. Même si l'autonomie a été octroyée par différents États sans mettre pour autant en péril leur unité, même si les pouvoirs dont le transfert est envisagé sont peu de chose en comparaison de ceux détenus par les Écossais, les Catalans, les Bavarois, les Wurtembergeois, les Brandebourgeois, les Piémontais ou les Alsaciens, il faut bien reconnaître que les propositions faites par le gouvernement représentent indiscutablement une avancée, eu égard au caractère constitutionnellement indivisible de la République et à la vivacité de la culture jacobine en France.

En ce sens il est difficile de désapprouver la démarche décentralisatrice du gouvernement socialiste qui a vocation à s'étendre à l'ensemble du territoire français. Jean-Michel Rossi et moi-même l'avons soutenue. Nous souhaitions que les discussions progressent dans un climat de sérénité retrouvée vers la prise en compte dans les années à venir des revendications fondamentales du nationalisme, en particulier la reconnaissance du peuple corse qui en aucun cas ne peut être abandonnée au prétexte fallacieux qu'elle induirait obligatoirement une option séparatiste. Bien au contraire le peuple corse doit être reconnu à travers tout ce qui le caractérise pour éviter sa disparition et apporter ainsi une richesse supplémentaire aux mosaïques qui composent la France et l'Europe.

Ainsi, le thème quasi consensuel de la décentralisation devient aujourd'hui l'un des enjeux importants de la campagne présidentielle. Les prises de position figées du président de la République qui connaît mal le problème corse et qui s'y est peu intéressé pour l'instant laissent la voie libre à Lionel Jospin et accréditent l'idée que ce dernier est le seul à proposer un projet ne permettant aucune autre alternative.

On doit cependant reprocher aux concepteurs de ce statut et à ceux qui l'appellent de leurs vœux, c'est-à-dire la grande majorité des élus, de laisser croire à une population gagnée par la lassitude qu'il s'agit de donner à la Corse une forme de réparation car il ne s'agit que d'une expérimentation qui a vocation à s'étendre à toutes les régions françaises et où l'identité, la culture et la spécificité corses n'ont rien à voir. Loin de porter atteinte à l'unité de la République, la décentralisation annihile toute velléité contestataire sous couvert d'idées novatrices et de renouveau économique.

De plus, la classe politique traditionnelle a récupéré tout ce qui pouvait être positif dans la revendication nationaliste afin, notamment, de capter son électorat et de rénover son discours en s'adaptant à l'évolution des mentalités. C'est elle qui après les avoir combattues porte désormais l'essentiel de ses revendications, dont elle fait son cheval de bataille. Elle a su s'adapter et évoluer, ôtant ainsi à tous les mouvements nationalistes leur raison d'être, leur mot d'ordre politique. Dans ces conditions, quelles sont les différences qui peuvent subsister aujourd'hui entre le nationalisme et les plus « girondines » des formations politiques du paysage national ? En vidant la revendication nationaliste de sa substance et en l'absence d'un véritable projet de société et d'idées novatrices dans un mouvement nationaliste en décomposition, le risque d'une radicalisation apparaît, avec pour corollaire l'émergence d'un nouveau type de violence non contrôlée compte tenu de l'éclatement de l'appareil clandestin.

Dérive crainte par ceux qui voient dans toute évolution institutionnelle un « toboggan » vers l'indépendance.

Entre les militants prêts à disparaître et à se satisfaire d'avancées très relatives et ceux qui ne veulent disparaître à aucun prix et qui sont prêts à se radicaliser, il existe une voie médiane. Chacun doit donc prendre ses responsabilités, le mouvement nationaliste ou ce qu'il en reste se doit de pousser plus loin la réflexion engagée tout en ramenant les jusqu'au-boutistes à la raison. S'en tenir à la seule décentralisation appliquée à la Corse comme à n'importe quelle autre région dans un contexte « girondin » *stricto sensu* noierait en effet tout un potentiel de revendications spécifiques à la Corse qu'il ne faut surtout pas perdre de vue au cours de notre évolution.

Pour autant, l'indépendantisme qui reste l'idéologie utopiste de certains radicaux ne doit pas être la seule chance de survie du mouvement nationaliste dont le rôle essentiel est de veiller attentivement à la sauvegarde des intérêts du peuple à travers ce qui constitue son originalité.

Il est d'ailleurs difficile de croire que ceux qui aujourd'hui parlent d'indépendance soient sincères et si la sous-politisation peut expliquer pour certains les erreurs d'appréciation, ce n'est pas le cas pour tous.

Les illusions nées à Migliacciaru, le 3 juillet 1999, lors de la signature d'un pseudo-accord de refondation du nationalisme par quatorze organisations ont vécu, tout comme le mirage d'une improbable « *unità* ». L'unique voie demeure la reconstruction d'un mouvement public qui fasse preuve d'innovation et d'ouverture en accueillant toutes les sensibilités de la société corse et en bannissant sans équivoque certaines formes d'action et certains mots d'ordre, qui loin d'emporter l'adhésion du peuple l'inhibe et paralyse toute initiative.

C'est pour cela qu'un énième mouvement nationaliste, qu'il soit qualifié d'indépendantiste ou autre, ne saurait être la solution. Il faut dès aujourd'hui, et c'est le concept qu'a voulu développer Jean-Michel Rossi à travers « Presenza Naziunale », créer un forum citoyen, un espace de réflexion qui prenne le temps, qui aille au-delà du simple colloque ou des motions déjà préparées et imposées à des assemblées générales pour préparer d'ici 2004 une réelle alternative pour le peuple corse. Cet espace pourrait par étapes faire avancer à travers la concertation, en partenariat avec l'État, les forces de progrès économique et social dont il n'a pas été suffisamment question jusqu'à présent.

Il faudra bien aussi mettre un terme à la situation de tension que connaît la mouvance nationaliste, et cela, non à travers de prétendus accords, mais, là encore, sur un réel projet politique pluriel dont l'État français se doit, pour en garantir la cohérence et la solidité, d'exclure ceux qui seraient tentés de s'accaparer les bénéfices et le pouvoir générés par un changement de la société corse. J'ai en effet souvent insisté sur la nécessité de prendre le temps d'assainir la classe politique et de la préparer avant d'opérer des transferts de compétences qui, s'ils se font prématurément et sans précautions, pourraient déboucher sur une gestion mafieuse et affairiste. À moins que cette perspective n'inquiète moins le gouvernement qu'une lutte politique ancrée dans les consciences, le gouvernement pensant être en mesure d'y faire face avec plus de facilité ou, pis encore, de s'en accommoder voire de s'en servir.

J'ai par ailleurs souligné qu'il n'était ni intellectuellement ni moralement admissible que le processus engagé, quel que soit son contenu, se fonde sur des accords passés avec ceux qui ont assassiné Jean-Michel Rossi et Jean-Claude Fratacci car ce serait compromettre à l'avance ce qui aujourd'hui encore peut représenter une avancée. D'aucuns n'ont pas voulu le comprendre, préférant laisser croire qu'il s'agissait d'un appel à la vengeance. Mais d'amendements en amendements, que restera-t-il des accords de Matignon ?

Le gouvernement recule peu à peu, revient sur ses engagements. Et le projet ne risque-t-il pas de se heurter au Conseil constitutionnel comme ce fut le cas en 1991 avec la censure de la notion de « peuple corse, composante du peuple français » ou en 1999 avec le blocage de la ratification de la charte européenne des langues régionales au nom des principes d'« indivisibilité de la République, d'égalité devant la loi et d'unicité du peuple français » ?

À l'horizon 2004, une révision constitutionnelle est prévue pour instaurer la collectivité territoriale unique et la doter de pouvoirs dérogatoires. Mais comment le gouvernement peut-il s'engager formellement au-delà des échéances électorales de 2002 puisque à l'évidence l'« accord des pouvoirs publics alors en fonctions », condition inscrite dans le projet gouvernemental, sera nécessaire et qu'il y a une chance sur deux pour que le pouvoir change de mains ?

Il est vraiment regrettable que l'amorce d'avancée apportée par les accords de Matignon ne soit pas sous-tendue par une réelle volonté politique et qu'elle tourne au simulacre à court terme.

En tout état de cause, le chantier lancé doit aller plus loin qu'une simple adaptation de la Constitution et déboucher sur un changement de celle-ci.

La IVe République est morte à Diên Biên Phu, la Ve République a commencé à mourir à Matignon lors des premières discussions et ce n'est pas une mauvaise chose.

Le destin de la Corse mérite bien mieux que de se voir réduit à des enjeux bassement électoralistes et opportunistes propres à ne servir que des ambitions personnelles au mépris de l'intérêt général. C'est malheureusement, à l'heure actuelle, l'affligeant spectacle qui nous est offert dans la perspective de l'élection présidentielle.

Les rafistolages de dernière minute qui augurent de nouveaux déchirements, les compromis pouvant aller jusqu'aux compromissions, les arrangements mal ficelés, les emballages qui cherchent à masquer un contenu dont les débordements pourraient être redoutables, voilà pour l'instant les seules alternatives entre lesquelles notre peuple est ballotté d'un gouvernement à l'autre, d'un irresponsable à l'autre. Oui, le dossier corse est lourd à assumer, il est ce que l'État a fait de lui et, à ce haut niveau, l'homme de la situation ne s'est, hélas, pas encore manifesté.

CONCLUSION

Ce livre n'est pas comme on pourrait le penser une chronique. Les faits qui y sont relatés concernent bien la Corse mais ils pourraient se produire n'importe où ailleurs. L'histoire de France est jalonnée de ce type d'actions, de manipulations, de trahisons et d'abandons, cela au nom de la raison d'État, du prétendu débat politique, ou tout simplement des réalités financières.

Malheureusement la République s'accommode fort bien de tels événements. Elle jette un voile pudique sur tout ce qui porterait atteinte à ses sacro-saints principes au rang desquels figure en bonne place l'humanisme.

L'humanisme de la République c'est de créer les conditions de l'assassinat de l'un de ses représentants puis de chercher à humilier et soumettre toute une population pour lui faire expier cet assassinat.

L'humanisme de la République c'est de pousser à l'assassinat de militants nationalistes.

L'humanisme de la République c'est de jeter en pâture au peuple français Yvan Colonna sans qu'il puisse bénéficier de la présomption d'innocence. Je ne me rappelle pas avoir vu la photo de Guy Georges, ou d'autres personnes recherchées dans le cadre de crimes très graves, placardée dans toutes les administrations françaises.

La Corse demeure encore un champ clos où les partis politiques nationaux français tentent leurs expérimentations et se livrent de manière éhontée à des règlements de comptes en utilisant la revendication nationaliste comme support. Un champ clos où l'on retrouve tous les services de l'État composés indistinctement d'individus de droite ou de gauche, pour la plupart opportunistes, qui réussissent hélas à utiliser avec adresse notre manque de maturité politique.

Nous verrons prochainement orchestrer un procès à grand spectacle où selon toute probabilité la justice se montrera implacable car il lui faudra démontrer à tout prix que l'on ne peut tuer impunément un représentant de l'État. Il est à prévoir qu'elle se contentera pour cela d'une partie des exécutants et de leurs motifs supposés sans se soucier véritablement d'aborder cette affaire sur le fond.

Quant à l'affaire Rossi-Fratacci, il m'est apparu très rapidement et très clairement qu'elle gênait et que nombreux étaient ceux, qui, tant du côté du gouvernement que dans le milieu nationaliste, avaient intérêt à ce qu'elle soit étouffée ou gangstérisée, dénaturée en un vulgaire règlement de comptes. Du côté du gouvernement, le double assassinat pouvait difficilement tomber plus mal. Après avoir fait du retour à la paix civile la condition à toute évolution institutionnelle, le gouvernement avait finalement renoncé à ce « préalable » à l'automne 1999, après les attentats commis en plein jour contre la DDE et l'Urssaf d'Ajaccio, en recevant les représentants de tous les groupes politiques de l'Assemblée de Corse. Mais l'ambition de « fonder durablement la paix civile », inscrite noir sur blanc dans le texte gouvernemental ratifié le 28 juillet 2000 par la quasi-totalité des élus de l'île, demeurait néanmoins un enjeu majeur pour le gouvernement. Moins d'une semaine avant le drame de L'Île-Rousse, Lionel Jospin en vacances à l'île de Ré déclarait : « Il faut commencer à mettre en œuvre les premiers engagements. Naturellement, tout cela va se faire dans la paix, sinon ça n'a pas de sens. »

Aussi l'embarras est-il immense à Matignon, à la mesure de l'empressement avec lequel on cherche à y minimiser l'impact du double assassinat : « Jean-Michel Rossi ne jouait plus aucun rôle dans la mouvance nationaliste et encore moins dans la démarche initiée par le gouvernement, il était marginalisé, il n'est pas exclu que le double assassinat de L'Île-Rousse soit dénué de tout sens politique... » martèle l'entourage du Premier ministre. « C'est un événement grave, mais loin du processus », déclare le premier secrétaire du Parti socialiste, François Hollande. Alain Christnacht et Clotilde Walter, tous deux conseillers à Matignon, vont notamment s'employer à tenter d'ôter tout caractère politique au double assassinat auprès des journalistes qui les interrogent sur les répercussions d'une telle affaire. Comment justifier autrement aux yeux de l'opinion une concession aussi spectaculaire à la violence ? Ce serait pour le gouvernement un aveu de faiblesse. Ce serait aussi faire douter de la fiabilité de ses interlocuteurs en démontrant soit leur double langage, soit leur sujétion à des assassins, qui, forts des négociations engagées, semblent avoir présumé de leur impunité.

Seuls Jean-Pierre Chevènement et Georges Sarre se démarqueront du gouvernement socialiste dans leurs déclarations, ce qui ne manquera d'ailleurs pas d'alimenter l'absurde rumeur — mais néanmoins relayée par le journal *Le Monde* — d'une collusion entre le Mouvement des Citoyens et moi-même. Car au-delà de la sympathie et de l'estime que l'on peut avoir pour les hommes de courage et de conviction, les conceptions ultra-jacobines de ce mouvement, relevant du musée républicain sont en opposition évidente avec ma propre vision de l'évolution institutionnelle de la Corse.

Immédiatement après le double assassinat, Georges Sarre adressera un message clair au gouvernement, précisant à son intention : « On attend qu'il mène sans faiblesse ni complaisance l'enquête nécessaire à l'élucidation » de cet « assassinat lâche et horrifiant ».

Quelques mois plus tard, Jean-Pierre Chevènement ne manquera pas de souligner encore la duplicité du gouvernement en s'étonnant de la facilité avec laquelle il a fait l'impasse sur le double assassinat de L'Île-Rousse après avoir promis la paix civile.

Côté nationaliste, l'embarras n'est pas moins grand au lendemain du drame. Il s'agit de conserver une crédibilité très fragile tout en ne se désolidarisant pas des instigateurs du double assassinat dont l'emprise sur les négociateurs de Matignon et sur l'ensemble du mouvement nationaliste est très forte. Mais personne ne veut assumer cet acte. Réunis à Ajaccio, au local de l'Accolta naziunale corsa, le soir du double assassinat, plusieurs responsables nationalistes déclarent que « ce crime-là ne peut venir du mouvement national » et crient à la provocation et à la manipulation politique. La coalition nationaliste Unità se réunit le lendemain après-midi à l'hôtel *Napoléon* à Ajaccio pour condamner les assassinats devant la presse. Jean-Guy Talamoni est formel : « Les meurtriers ne peuvent pas sortir de nos rangs [...] il n'y a pas aujourd'hui en Corse de brebis égarées capables de commettre de tels actes [...] la méthode, le jour, l'endroit [...] tout nous indique que cela ne vient pas du mouvement national. » Là encore le discours officiel privilégie l'hypothèse d'une provocation et d'une manipulation politique. Quelques jours plus tard, dans un entretien au *Monde* publié le 22 août 2000, les clandestins s'expriment à leur tour. N'hésitant pas à qualifier le double assassinat de « fait divers », les responsables de l'Union des combattants affirment : « Nous pouvons vous donner l'assurance que, ni de près ni de loin, aucun militant nationaliste n'est impliqué dans ce double meurtre de L'Île-Rousse. » Mais derrière les déclarations « officielles » les rumeurs vont bon train... abondamment alimentées par tous ceux qui ont intérêt d'un côté comme de l'autre à masquer la vérité. La plus insistante est celle d'un règlement de comptes mafieux pour faire main basse sur les machines à sous de l'île.

Personne ne sera dupe bien longtemps. S'il y a bien une chose que même les pires détracteurs de Jean-Michel sont obligés d'admettre, c'est qu'il était précisément inattaquable sur ce terrain-là. Il ne transigeait pas avec certains principes. En Balagne, région particulièrement convoitée, il était depuis toujours un rempart sans concessions contre ce type de dérives. C'est d'ailleurs cette extrême rigueur qui lui a valu quelques solides inimitiés. Quant à son rapport à l'argent il était aux antipodes de celui d'un affairiste. Jean-Michel était l'enfant unique d'une famille très aisée. L'argent n'a jamais été une préoccupation pour lui. Contrairement à tant d'autres qui ont vécu et vivent encore aujourd'hui du nationalisme, lui ne vivait que pour le nationalisme et le bilan de son engagement était en matière financière très largement déficitaire. Il avait investi sans compter tant dans le mouvement public que dans le mouvement clandestin. Il n'avait d'ailleurs aucun regret à ce sujet car rien n'était plus important à ses yeux que son engagement. De plus, il était très généreux et peu attaché aux choses matérielles. Homme de réflexion, il était avant tout porté sur les livres et la plus grande partie de ses dépenses personnelles leur était consacrée.

Depuis des années, on assiste à un spectacle affligeant d'hypocrisie. Tous les gouvernements successifs ont prétendu n'avoir agi que dans la transparence la plus totale. En tout état de cause, il n'est pas choquant que l'on approche ceux qui détiennent le pouvoir militaire pour tenter de résorber la violence. Le comble de l'hypocrisie est atteint avec le gouvernement actuel qui agit avec une duplicité jusqu'à présent inégalée et, il faut le reconnaître, avec succès puisque personne ne semble réagir à ses attaques. Le gouvernement reproche en effet régulièrement à certains ministres de droite d'avoir discuté avec des clandestins, contrairement à eux qui n'auraient toujours discuté qu'avec des élus. J'ai voulu notamment démontrer à travers cet ouvrage qu'il n'en est rien. Les socialistes l'ont fait eux aussi dans le passé avec Pierre Joxe et plus récemment, en 1997, aussitôt après leur accession au pouvoir puis après l'assassinat du préfet Érignac. Les négociations menées par

Pierre Joxe étaient fondées sur des discussions souterraines qui avaient pour objet une répartition des pouvoirs à l'Assemblée avec, déjà, l'inévitable José Rossi, l'attribution des moyens financiers à une frange du nationalisme via la SDBO — filiale du Crédit Lyonnais —, ce qui contribuera à provoquer la scission du FLNC, la libération de tous les prisonniers, y compris de ceux exclus par la loi d'amnistie, les poursuites abandonnées dans des délits non amnistiables et aujourd'hui prescrits.

Encore une fois le propos n'est pas de critiquer ce type de démarche mais de s'étonner que le gouvernement puisse nier avec un tel aplomb ses agissements passés. Lionel Jospin, pourtant si « soucieux de transparence », verra certains de ses proches discuter avec plusieurs représentants de la clandestinité, parmi lesquels les auteurs des attentats commis en plein jour contre l'Urssaf et la DDE d'Ajaccio, par le biais des loges maçonniques, plus précisément le Grand Orient de France dont François Rebsamen, actuel maire (PS) de Dijon, lors d'une réunion organisée le 22 janvier 2000 au siège du Grand Orient de France. La direction des Renseignements généraux va tenter de piéger — mais ce n'est toujours qu'une simple hypothèse — le gouvernement socialiste afin d'être agréable à certaines personnalités de l'opposition en faisant fuiter la tenue de ce brillant conclave. On peut retenir de cette réunion au moins une chose : à une exception près peut-être, tous les participants à cette farce, côté nationaliste, sont aujourd'hui curieusement derrière les barreaux avec pour seul espoir, après avoir vécu quelques heures exaltantes de reconnaissance dans quelques quotidiens locaux, une hypothétique amnistie.

Aujourd'hui, une étape supplémentaire a été franchie en pratiquant une démarche que l'on peut qualifier de barbouzarde puisque celle-ci s'est traduite par des assassinats. Que les socialistes ferment les yeux sur le fond de l'affaire Érignac et continuent de discuter avec une partie de ceux qui sont à l'origine de son assassinat les regarde. Ils peuvent penser que le préfet était un serviteur de l'État et que la raison d'État peut justifier cette attitude. Mais ce n'était pas le cas de Jean-Michel Rossi et de Jean-Claude Fratacci et nous ne voulons pas que l'on puisse fermer les yeux sur ce crime.

PREMIÈRE PARTIE

L'AFFAIRE ROSSI-FRATACCI

DEUXIÈME PARTIE

L'AFFAIRE ÉRIGNAC

DU MÊME AUTEUR

Aux Éditions Denoël

POUR SOLDE DE TOUT COMPTE, Les nationalistes corses parlent *(en collaboration avec Jean-Michel Rossi et Guy Benhamou).*

CONTRE-ENQUÊTE SUR TROIS ASSASSINATS, Érignac, Rossi, Fratacci (Folio documents n° 2).

COLLECTION FOLIO

Dernières parutions

3450. Patrick Lapeyre — *Sissy, c'est moi.*
3451. Emmanuel Moses — *Papernik.*
3452. Jacques Sternberg — *Le cœur froid.*
3453. Gérard Corbiau — *Le Roi danse.*
3455. Pierre Assouline — *Cartier-Bresson (L'œil du siècle).*
3456. Marie Darrieussecq — *Le mal de mer.*
3457. Jean-Paul Enthoven — *Les enfants de Saturne.*
3458. Bossuet — *Sermons. Le Carême du Louvre.*
3459. Philippe Labro — *Manuella.*
3460. J.M.G. Le Clézio — *Hasard* suivi de *Angoli Mala.*
3461. Joëlle Miquel — *Mal-aimés.*
3462. Pierre Pelot — *Debout dans le ventre blanc du silence.*
3463. J.-B. Pontalis — *L'enfant des limbes.*
3464. Jean-Noël Schifano — *La danse des ardents.*
3465. Bruno Tessarech — *La machine à écrire.*
3466. Sophie de Vilmorin — *Aimer encore.*
3467. Hésiode — *Théogonie* et autres poèmes.
3468. Jacques Bellefroid — *Les étoiles filantes.*
3469. Tonino Benacquista — *Tout à l'ego.*
3470. Philippe Delerm — *Mister Mouse.*
3471. Gérard Delteil — *Bugs.*
3472. Benoît Duteurtre — *Drôle de temps.*
3473. Philippe Le Guillou — *Les sept noms du peintre.*
3474. Alice Massat — *Le Ministère de l'intérieur.*
3475. Jean d'Ormesson — *Le rapport Gabriel.*
3476. Postel & Duchâtel — *Pandore et l'ouvre-boîte.*
3477. Gilbert Sinoué — *L'enfant de Bruges.*
3478. Driss Chraïbi — *Vu, lu, entendu.*
3479. Hitonari Tsuji — *Le Bouddha blanc.*
3480. Denis Diderot — *Les Deux amis de Bourbonne* (à paraître).

3481. Daniel Boulanger — *Le miroitier.*
3482. Nicolas Bréhal — *Le sens de la nuit.*
3483. Michel del Castillo — *Colette, une certaine France.*
3484. Michèle Desbordes — *La demande.*
3485. Joël Egloff — *«Edmond Ganglion & fils».*
3486. Françoise Giroud — *Portraits sans retouches (1945-1955).*
3487. Jean-Marie Laclavetine — *Première ligne.*
3488. Patrick O'Brian — *Pablo Ruiz Picasso.*
3489. Ludmila Oulitskaïa — *De joyeuses funérailles.*
3490. Pierre Pelot — *La piste du Dakota.*
3491. Nathalie Rheims — *L'un pour l'autre.*
3492 Jean-Christophe Rufin — *Asmara et les causes perdues.*
3493. Anne Radcliffe — *Les Mystères d'Udolphe.*
3494. Ian McEwan — *Délire d'amour.*
3495. Joseph Mitchell — *Le secret de Joe Gould.*
3496. Robert Bober — *Berg et Beck.*
3497. Michel Braudeau — *Loin des forêts.*
3498. Michel Braudeau — *Le livre de John.*
3499. Philippe Caubère — *Les carnets d'un jeune homme.*
3500. Jerome Charyn — *Frog.*
3501. Catherine Cusset — *Le problème avec Jane.*
3502. Catherine Cusset — *En toute innocence.*
3503. Marguerite Duras — *Yann Andréa Steiner.*
3504. Leslie Kaplan — *Le Psychanalyste.*
3505. Gabriel Matzneff — *Les lèvres menteuses.*
3506. Richard Millet — *La chambre d'ivoire...*
3507. Boualem Sansal — *Le serment des barbares.*
3508. Martin Amis — *Train de nuit.*
3509. Andersen — *Contes choisis.*
3510. Defoe — *Robinson Crusoé.*
3511. Dumas — *Les Trois Mousquetaires.*
3512. Flaubert — *Madame Bovary.*
3513. Hugo — *Quatrevingt-treize.*
3514. Prévost — *Manon Lescaut.*
3515. Shakespeare — *Roméo et Juliette.*
3516. Zola — *La Bête humaine.*
3517. Zola — *Thérèse Raquin.*
3518. Frédéric Beigbeder — *L'amour dure trois ans.*
3519. Jacques Bellefroid — *Fille de joie.*
3520. Emmanuel Carrère — *L'Adversaire.*

3521. Réjean Ducharme	*Gros Mots.*
3522. Timothy Findley	*La fille de l'Homme au Piano.*
3523. Alexandre Jardin	*Autobiographie d'un amour.*
3524. Frances Mayes	*Bella Italia.*
3525. Dominique Rolin	*Journal amoureux.*
3526. Dominique Sampiero	*Le ciel et la terre.*
3527. Alain Veinstein	*Violante.*
3528. Lajos Zilahy	*L'Ange de la Colère (Les Dukay tome II).*
3529. Antoine de Baecque et Serge Toubiana	*François Truffaut.*
3530. Dominique Bona	*Romain Gary.*
3531. Gustave Flaubert	*Les Mémoires d'un fou. Novembre. Pyrénées-Corse. Voyage en Italie.*
3532. Vladimir Nabokov	*Lolita.*
3533. Philip Roth	*Pastorale américaine.*
3534. Pascale Froment	*Roberto Succo.*
3535. Christian Bobin	*Tout le monde est occupé.*
3536. Sébastien Japrisot	*Les mal partis.*
3537. Camille Laurens	*Romance.*
3538. Joseph Marshall III	*L'hiver du fer sacré.*
3540 Bertrand Poirot-Delpech	*Monsieur le Prince*
3541. Daniel Prévost	*Le passé sous silence.*
3542. Pascal Quignard	*Terrasse à Rome.*
3543. Shan Sa	*Les quatre vies du saule.*
3544. Eric Yung	*La tentation de l'ombre.*
3545. Stephen Marlowe	*Octobre solitaire.*
3546. Albert Memmi	*Le Scorpion.*
3547. Tchékhov	*L'Île de Sakhaline.*
3548. Philippe Beaussant	*Stradella.*
3549. Michel Cyprien	*Le chocolat d'Apolline.*
3550. Naguib Mahfouz	*La Belle du Caire.*
3551. Marie Nimier	*Domino.*
3552. Bernard Pivot	*Le métier de lire.*
3553. Antoine Piazza	*Roman fleuve.*
3554. Serge Doubrovsky	*Fils.*
3555. Serge Doubrovsky	*Un amour de soi.*
3556. Annie Ernaux	*L'événement.*
3557. Annie Ernaux	*La vie extérieure.*
3558. Peter Handke	*Par une nuit obscure, je sortis*

de ma maison tranquille.

3559. Angela Huth — *Tendres silences.*
3560. Hervé Jaouen — *Merci de fermer la porte.*
3561. Charles Juliet — *Attente en automne.*
3562. Joseph Kessel — *Contes.*
3563. Jean-Claude Pirotte — *Mont Afrique.*
3564. Lao She — *Quatre générations sous un même toit III.*
3565. Dai Sijie — *Balzac et la Petite Tailleuse chinoise.*
3566. Philippe Sollers — *Passion fixe.*
3567. Balzac — *Ferragus, chef des Dévorants.*
3568. Marc Villard — *Un jour je serai latin lover.*
3569. Marc Villard — *J'aurais voulu être un type bien.*
3570. Alessandro Baricco — *Soie.*
3571. Alessandro Baricco — *City.*
3572. Ray Bradbury — *Train de nuit pour Babylone.*
3573. Jerome Charyn — *L'Homme de Montezuma.*
3574. Philippe Djian — *Vers chez les blancs.*
3575. Timothy Findley — *Le chasseur de têtes.*
3576. René Fregni — *Elle danse dans le noir.*
3577. François Nourissier — *À défaut de génie.*
3578. Boris Schreiber — *L'excavatrice.*
3579. Denis Tillinac — *Les masques de l'éphémère.*
3580. Frank Waters — *L'homme qui a tué le cerf.*
3581. Anonyme — *Sindbâd de la mer et autres contes des Mille et Une nuits, IV.*
3582. François Gantheret — *Libido Omnibus.*
3583. Ernest Hemingway — *La vérité à la lumière de l'aube.*
3584. Régis Jauffret — *Fragments de la vie des gens.*
3585. Thierry Jonquet — *La vie de ma mère !*
3586. Molly Keane — *L'amour sans larmes.*
3587. Andreï Makine — *Requiem pour l'Est.*
3588. Richard Millet — *Lauve le pur.*
3589. Gina B. Nahai — *Roxane, ou Le saut de l'ange.*
3590. Pier Paolo Pasolini — *Les Anges distraits.*
3591. Pier Paolo Pasolini — *L'odeur de l'Inde.*
3592. Sempé — *Marcellin Caillou.*
3593. Bruno Tessarech — *Les grandes personnes.*
3594. Jacques Tournier — *Le dernier des Mozart.*

3595.	Roger Wallet	*Portraits d'automne.*
3596.	Collectif	*Le Nouveau Testament.*
3597.	Raphaël Confiant	*L'archet du colonel.*
3598.	Remo Forlani	*Émile à l'Hôtel.*
3599.	Chris Offutt	*Le fleuve et l'enfant.*
3600.	Marc Petit	*Le Troisième Faust.*
3601.	Roland Topor	*Portrait en pied de Suzanne.*
3602.	Roger Vailland	*La fête.*
3603.	Roger Vailland	*La truite.*
3604.	Julian Barnes	*England, England.*
3605.	Rabah Belamri	*Regard blessé.*
3606.	François Bizot	*Le portail.*
3607.	Olivier Bleys	*Pastel.*
3608.	Larry Brown	*Père et fils.*
3609.	Koestler/Albert Camus	*Réflexions sur la peine capitale.*
3610.	Jean-Marie Colombani	*Les infortunes de la République.*
3611.	Maurice G. Dantec	*Le théâtre des opérations.*
3612.	Michael Frayn	*Tête baissée.*
3613.	Adrian C. Louis	*Colères sioux.*
3614.	Dominique Noguez	*Les Martagons.*
3615.	Jérome Tonnerre	*Le petit voisin.*
3616.	Victor Hugo	*L'Homme qui rit.*
3617.	Frédéric Boyer	*Une fée.*
3618.	Aragon	*Le collaborateur* et autres nouvelles.
3619.	Tonino Benacquista	*La boîte noire* et autres nouvelles.
3620.	Ruth Rendell	*L'Arbousier.*
3621.	Truman Capote	*Cercueils sur mesure.*
3622.	Francis Scott Fitzgerald	*La Sorcière rousse.*
3623.	Jean Giono	*Arcadie... Arcadie.*
3624.	Henry James	*Daisy Miller.*
3625.	Franz Kafka	*Lettre au père.*
3626.	Joseph Kessel	*Makhno et sa juive.*
3627.	Lao She	*Histoire de ma vie.*
3628.	Ian McEwan	*Psychopolis* et autres nouvelles.
3629.	Yukio Mishima	*Dojoji* et autres nouvelles.
3630.	Philip Roth	*L'habit ne fait pas le moine .*
3631.	Leonardo Sciascia	*Mort de L'Inquisiteur.*
3632.	Didier Daeninckx	*Leurre de vérité* et autres nouvelles.

Composition Bussière
et impression Bussière Camedan Imprimeries
à Saint-Amand (Cher), le 4 mars 2002.
Dépôt légal : mars 2002.
Numéro d'imprimeur : 17355-015877/1.
ISBN 2-07-042359-X./Imprimé en France.

10932